SEINEM

HOCHVEREHRTEN LEHRER UND FREUNDE

FRIEDRICH DELITZSCH

DEM ERSTEN KENNER

DER

SUMERISCH-ASSYRISCHEN SPRACHDENKMÄLER

WIDMET DIESE ARBEIT

IN DANKBARER TREUE

DER VERFASSER.

DIE

SUMERISCHEN FAMILIENGESETZE

IN

KEILSCHRIFT, TRANSCRIPTION UND ÜBERSETZUNG,

NEBST

AUSFÜHRLICHEM COMMENTAR

UND

ZAHLREICHEN EXCURSEN.

EINE ASSYRIOLOGISCHE STUDIE

VON

DR. PAUL HAUPT.

WIPF & STOCK • Eugene, Oregon

Wipf and Stock Publishers
199 W 8th Ave, Suite 3
Eugene, OR 97401

Die Sumerischen Familiengesetze in Keilschrift, Transcription und Ubersetzung, nebst Ausfuhrlichem Commentar und Zahlreichen Excursen.
By Haupt, Paul
ISBN 13: 978-1-60608-847-0
Publication date 7/28/2009
Previously published by J. C. Hinrichs'sche Buchandlung, 1879

VORWORT.

Die nachfolgende assyriologische Studie ist ebensowohl für Laien als für Kenner bestimmt: letztere sollen auf mehrere wichtige Erscheinungen, die sich in den sumerischen Texten nachweisen lassen, aufmerksam gemacht werden; erstere, bei denen ich hauptsächlich Semitologen und Altaïsten im Auge habe, einen Ueberblick über die sumerische Sprache, ihre Wörter, Formen und Constructionen erhalten, auch endlich einmal in den Stand gesetzt werden, selbständig zu entscheiden, ob es eine sumerische Sprache giebt oder nicht.

Dass es sich lohne, diesem neuen Forschungsgebiete seine Aufmerksamkeit zuzuwenden, bedarf keiner Versicherung; die Erfolge, welche die kaum acht Jahre alte sumerische Sprachwissenschaft zu verzeichnen hat, zeugen für sich selbst. Eine beträchtliche Anzahl biblisch-hebräischer Wörter, die bisher aller etymologischen Kunst spotteten, ist bereits von FRIEDRICH DELITZSCH insbesondere in seinen trefflichen Beigaben zu George Smith's Chaldäischer Genesis aus dem Sumerischen sicher erklärt worden. Täglich wächst die Zahl dieser Lehnwörter; viel anscheinend gutsemitisches Sprachgut geht im letzten Grunde auf die Sprache dieses uralten Culturvolkes zurück — ein bedeutsamer Fingerzeig für die Culturgeschichte der semitischen Urzeit.

Ein ganz besonderes Interesse hat diese neu erstandene Wissenschaft für den alttestamentlichen Exegeten. Die Urgeschichten der Genesis haben in jüngster Zeit ihr Seitenstück gefunden in den keilinschriftlichen Berichten von der Weltschöpfung, dem Sündenfall, der

Sintfluth und Nimrod, welche GEORGE SMITH dem Schutte der Jahrhunderte entrissen hat; diese selbst aber, deren enger Zusammenhang mit den biblischen Erzählungen jedem vorurtheilsfreien Forscher sofort in die Augen springt, erweisen sich bei näherer Untersuchung deutlich als aus nichtsemitischem Geiste entsprungen: alle Spuren führen uns zu der Ueberzeugung, dass wir hier nicht assyrische Originale vor uns haben, sondern vielmehr Uebersetzungen uralter sumerischer Gesänge, deren sumerischer Urtext in der Folgezeit durch neue Ausgrabungen jedenfalls noch zu Tage gefördert wird.

Auch wenn diese ungeahnten Beziehungen zwischen Sumer und Israel nicht bestünden, würde das Studium des Sumerischen immer ein Hauptfach der assyriologischen Forschung bleiben müssen. Die assyrische Sprache ist so sehr mit sumerischen Lehnwörtern durchsetzt, die Ausdrucksweise der assyrischen Texte dermassen durch das Sumerische beeinflusst, dass ich nicht zuviel zu sagen glaube, wenn ich behaupte: ohne eingehendere Kenntniss des Sumerischen ist ein wahrhaft wissenschaftliches Studium der Keilinschriften nicht möglich. Nicht der einfachste historische Text kann ohne Hülfe des Sumerischen abschliessend erklärt werden; Tafeln vollends wie die babylonische Weltschöpfungs- und Sündenfallerzählung sind für den, der sich nicht in die sumerische Anschauungs- und Ausdrucksweise eingelebt hat, ein Buch mit sieben Siegeln. Meine Abhandlung wird, hoff' ich, Jedem, der die Elemente des Assyrischen überwunden hat, den Zugang zur selbständigen sumerischen Forschung, auf deren Gebiete jede Arbeit reicher Belohnung sicher sein kann, eröffnen.

Die Altaïsten werden weniger finden, als sie vielleicht erwartet haben, möglicherweise durch diese kleine Arbeit für immer der sumerischen Sprachwissenschaft entfremdet werden; eine uralaltaïsche Sprache ist nämlich nach meiner Ueberzeugung das Sumerische ganz entschieden nicht. Es wäre sehr zu wünschen, dass grade von altaïstischer Seite für diese Behauptung auf Grund gesicherten Materials der Nachweis im Einzelnen geführt würde.

Habe ich so das Sumerische seines interessanten Nimbus als „Sanskrit der uralaltaïschen Sprachen“ entkleiden müssen, so bin ich andrerseits in der Lage gewesen, dem Assyrischen, dessen Hülfe bei der Erforschung des Sumerischen zur Zeit noch immer unentbehrlich ist, zu seinem Rechte verhelfen zu können. Jeder sprachwissenschaftlich geschulte, einsichtsvolle Semitist, der meine zahlreichen Anmerkungen über assyrische Grammatik vorurtheilsfrei prüft, wird, mein' ich, zu der Ueberzeugung gelangen, dass das Assyrische nichts weniger als „ein in seiner Weise verfallener Dialect“ ist, vielmehr unter den fünf Zweigen, in die sich meiner Ansicht nach der semitische Sprachstamm theilt, Assyrisch, Aethiopisch, Arabisch, Kanaanäisch und Aramäisch, entschieden das alterthümlichste Gepräge trägt und mit vollem Rechte auf den ihm von E. Hincks und A. H. Sayce zuerkannten Ruhm, das „Sanskrit der semitischen Sprachen“ zu sein, Anspruch erheben kann. Dass ich bei dieser Gelegenheit beinahe eine vollständige Lautlehre der assyrischen Sprache gegeben habe, wird nur den befremden, der diesem Gebiete ferner steht. Jeder, der einigermassen die bisherige Behandlungsweise der assyrischen Grammatik kennt, muss es begreiflich finden, dass ich so bald wie möglich eine sprachwissenschaftlichere Methode anzubahnen suchte.

Da es mir nicht möglich war, die ganze Zeit, welche der Druck des Buches in Anspruch nahm, in Leipzig zu bleiben, konnte ich von jedem Bogen nur eine Revision haben. Besondere Unzuträglichkeiten sind indess dadurch nicht hervorgerufen worden, da mein hochverehrter Lehrer, Herr Professor Dr. Friedrich Delitzsch, dem ich auch für mehrere werthvolle Beiträge wärmsten Dank schuldig bin, die Güte hatte, den Druck mit wahrhaft aufopfernder Sorgfalt zu überwachen. Auch mein lieber Freund, Herr stud. orient. Oscar von Lemm hat sich in dankenswerther Weise an der Correctur betheiligt. Nicht minder verpflichtet bin ich Mr. Pinches in London, der sich mit zuvorkommender Liebenswürdigkeit der lästigen Mühe unterzogen hat, mehrere im Verlauf meiner Arbeit behandelte Stellen mit den Originalen im Britischen Museum zu collationiren.

Der Verlagsbuchhandlung wird man für die Ausstattung des Buches seine Anerkennung nicht versagen können. Auch meinem trefflichen Setzer, Herrn E. Wagner, der mit ungemeiner Geschicklichkeit und unermüdlicher Ausdauer die nicht geringen Schwierigkeiten, welche der ungewohnte Satz herbeiführte, überwunden hat, spreche ich gern an dieser Stelle meinen aufrichtigen Dank für seine ausgezeichneten Leistungen aus.

Görlitz, Pfingsten 1879.

PAUL HAUPT.

INHALT.

Seite

Uebersicht

über den Inhalt der wichtigsten Anmerkungen.

a) Zur sumerischen Grammatik.

b) Zur assyrischen Grammatik.

Verzeichniss der Abkürzungen.

I, II, III, IV R. — Sir Henry Rawlinson, *The cuneiform inscriptions of Western Asia,* London 1861, 1866, 1870, 1875. Die Ziffern hinter R. bezeichnen die Tafel und die Zeile, die Buchstaben die Columnen.

Assurb. Sm. — George Smith, *History of Assurbanipal,* London 1871.

ZDMG. — Zeitschrift der Deutschen Morgenländischen Gesellschaft.

KAT. — Eberhard Schrader, Die Keilinschriften und das Alte Testament, Giessen 1872.

E. A. I. — François Lenormant, *Études accadiennes,* tome I. Paris 1873.

LPC. — Derselbe, *La langue primitive de la Chaldée,* Paris 1875.

ESC. — Derselbe, *Étude sur quelques parties des syllabaires cunéiformes,* Paris 1876.

Bei der Bezeichnung der Thontafeln des Britischen Museums bedeutet K. *Kujundschik,* Sm. *Smith.*

In der vorliegenden Abhandlung beabsichtige ich die sumerischen Familiengesetze[1] zum ersten Mal grammatisch zu analysiren und auf Grund dieser Analyse zu übersetzen. Fast alle Assyriologen haben sich an diesem interessanten Bruchstück sumerischen Rechtes versucht; doch lässt sich leider nicht behaupten, dass sie seinen Sinn richtig erschlossen hätten. Eine neue Studie über diese wichtigen Texte dürfte daher dringend geboten erscheinen.

François Lenormant hat diese Gesetze, welche uns mit assyrischer Uebersetzung überkommen sind, zu wiederholten Malen, so auch in seinem Buch *La Magie chez les Chaldéens* übertragen[2]. Das erste derselben lautet dort folgendermassen: »En quelque cas que ce soit, à l'avenir: Sentence: Si un fils dit à son père: »Tu n'es pas mon père«, et l'affirme par l'apposition de son ongle (c'est-à-dire par un acte en forme authentique), il devra lui faire amende honorable (version assyrienne: il reconnaîtra sa paternité)[3] et lui payer une amende«.

In der deutschen Ausgabe[4] dieses Werkes dagegen, welche nach des Verfassers eigner Angabe[5] durchweg »auf's Sorgfältigste revidirte Uebersetzungen« enthält, überhaupt »den gegenwärtigen Standpunkt seiner Forschungen und Ansichten bezeichnet«, lautet es: »In Zukunft, für alle Fälle. Rechtsspruch. Hat ein Sohn zu seinem Vater »du bist nicht mein Vater« gesagt, und hat er (zur Bestätigung) seinen Nagel beigedrückt[6], so soll er ihm öffentlich Abbitte thun, ihm auch eine Entschädigung zahlen«.

A. H. Sayce übersetzt im dritten Bande der *Records of the Past*[7]: »In all cases for the future (these rules shall hold good). A decision. A son says to his

---

1) Den allein zuverlässigen Text geben Friedrich Delitzsch's Assyrische Lesestücke, 2. Aufl., Leipzig 1878, S. 76 f. Die früheren Textausgaben sowie Uebersetzungen siehe bei A. H. Sayce in *Records of the Past*. Vol. III, pag. 22.

2) François Lenormant, *La Magie chez les Chaldéens et les origines accadiennes*, Paris 1874, pag. 310, not. 1.

3) Soweit sollte sich der assyrische Uebersetzer vom Original entfernt haben? Der verstand doch wohl etwas mehr Sumerisch als Mr. Lenormant.

4) Fr. Lenormant, Die Magie und Wahrsagekunst der Chaldäer, Jena 1878, S. 357.

5) Siehe S. VII.

6) Das Beidrücken des Nagels soll bedeuten: »wenn er seine Schmähung durch Ausstellung einer schriftlichen Urkunde bekräftigt hat, der man gewöhnlich seinen Nagel als Unterschrift beidrückte«.

7) *Records of the Past: being English translations of the Assyrian and Egyptian monuments. Published under the sanction of the Society of Biblical Archaeology.* Vol. III, London (1874), pag. 23 f.

father: Thou art not my father, (and) confirms it by (his) nail-mark (on the deed); he gives him a pledge (in the Assyrian version: »he recognises his pledge to him«), and silver he gives him«.

Jules Oppert hat in seinen gemeinschaftlich mit Joachim Ménant herausgegebenen *Documents juridiques*[1] auch unsere Gesetzbestimmungen zum Gegenstand neuer Untersuchung gemacht und bietet in dem ihm eigenthümlichen Latein folgende Uebersetzung: »Die qualibet die in futurum: Sic: si (ex sententia judicis) filius patri suo »pater meus non tu« dicit; et confirmat ungue impresso, pignus det ei et pecuniam solvat«. — Das soll heissen: »Il a été ainsi décidé (par la sentence du juge): »Si un fils dit à son père: tu n'es pas mon père (et le prouve) par l'apposition de son ongle, il donnera un gage et paiera une amende«.

Die einzig richtige Uebersetzung dieses bei sorgfältiger Forschung durchaus verständlichen Textes ist dagegen: »Für ewige Zeiten, für die Zukunft. Wenn ein Kind zu seinem Vater sagt: »du bist nicht mein Vater«, so scheert er es, legt ihm Knechtesdienst auf und giebt es für Geld hin«.

Der sumerische Text nimmt sich bei Oppert folgendermassen aus: *ud-kur-ku ud-na-mi-ku* | *takundi-bi (su-sa-ṭur lal) tur ad-da na ra* | *ad-da-mu nu me-a* | *ba-an-na ak-kà* | . . — *(ṣupur?) mi-ni-in-ak-a* | *ga ra-as mi-ni-in ru-e* | *au kú-par-ga-as mi-ni-in-se.*

Ich dagegen transcribire: *U-kur-šu, u-na-mé-šu* | *tukundi du ad-dâ-na-ra* | *ad-dâ-mu nu-mé-a* | *ba-an-na-an-gu* | *dubbin-mi-ni-in-ša-a* | *gar-râ-ru mi-ni-in-du-ê* | *ša azag-gâ-ru mi-ni-in-si*, was zu lesen ist: *Ukuršu, unaméšu: tukundi du adânara* »*adâmu numéa*« *ban nan gu, dubbin mi nin ša, garâru mi nin dué, ša azagâru mi nin si.*

Jedem, der diese Zusammenstellung der verschiedenen Lesungen und Uebersetzungen sieht, wird sich die Frage aufdrängen: Wie sind derartige Abweichungen möglich? wie kann der eine Assyriologe dieselben Schriftzeichen *ud-kur-ku*, der andre *ukuršu*; der eine *au kú-par-ga-as*, der andre *ša azagâru* lesen? liegt da nicht die Vermuthung nahe, dass man das Sumerische überhaupt noch nicht lesen kann? Und weiter: Kann man glauben, dass die sumerischen Texte sich schon dem wissenschaftlichen Verständniss erschlossen haben, wenn die nämlichen Zeichen von dem einen Forscher »and silver he gives him«, von dem andern »er verkauft ihn für Geld« übersetzt werden; wenn die nämlichen Worte bald durch »et confirmat ungue impresso« bald durch »er scheert ihn«, wieder andere bald durch »il reconnaîtra sa paternité« bald durch »er legt ihm Knechtesdienst auf« wiedergegeben werden? Sind etwa die Quellen unsrer Kenntniss der sumerischen Sprache so trübe, die Mittel, den allein richtigen Sinn eines Textes festzustellen, so unzulänglich, dass die Erklärung sumerischer Sprachdenkmäler ein Spiel assyriologischer Phantasien bleiben zu müssen scheint? Oder aber, liegt die Schuld an den Assyriologen, an der Art und Weise, in der sie die vorhandenen Hülfsmittel zur Erklärung sumerischer Texte bisher verwerthet haben? Die Assyriologie hat die Pflicht, wenn sie anders

---

1) J. Oppert et J. Ménant, *Documents juridiques de l'Assyrie et de la Chaldée*, Paris 1877, pag. 56, 22; vgl. pag. 61.

für die Resultate ihrer Forschungen Glaubwürdigkeit beanspruchen will, auf diese berechtigten Fragen Antwort zu geben.

Mangelhaftigkeit der Quellen der sumerischen Sprachkenntniss kann diesen beklagenswerthen Zustand nicht hervorgerufen haben. Wir haben so viele Hülfsmittel zum Studium des Sumerischen, dass bei gründlicher, gewissenhafter Arbeit meist Alles klar gestellt werden kann: wir besitzen nicht nur eine grosse Menge sumerischer Texte mit assyrischer Interlinearübersetzung, sondern zudem eine Fülle grammatischer Arbeiten über die sumerische Sprache, Paradigmen, Wörterbücher, Uebungsbeispiele, Präparationen, welche die assyrischen Gelehrten selbst als Hülfsmittel zur Erlernung des Sumerischen zusammengestellt haben. Um auch den Nichtassyriologen ein Urtheil über die Solidität der Grundlage der sumerischen Forschung zu ermöglichen, will ich im Folgenden diese Quellen unsrer Kenntniss der sumerischen Sprache und zugleich die Methode ihrer Benützung kurz besprechen.

Wie die **zusammenhängenden bilinguen Texte** für die Erforschung des Sumerischen zu verwerthen sind, ist von vornherein klar und wird ausserdem durch diese ganze Arbeit hindurch gezeigt werden. Doch mag schon hier darauf hingewiesen werden, dass, so unschätzbar die bilinguen Texte sind, man sich doch bei der grammatischen Analyse eines sumerischen Sprachdenkmales von der etwa beigefügten assyrischen Uebersetzung nicht zu sehr beeinflussen lassen darf. Denn wenn diese auch den Sinn des Originals treu wiederzugeben pflegt, so ist doch der Genius beider Sprachen zu sehr verschieden, als dass sich die assyrische Version auch in Ausdrucksweise und Construction immer und überall mit dem sumerischen Grundtext zu decken vermöchte. Es scheint daher das einzig Rationelle, wenn irgend möglich, die assyrische Uebersetzung zunächst ganz bei Seite zu lassen und jedes Wort, jede Wendung des sumerischen Originals mit Hülfe möglichst vieler Parallelstellen aus sich selbst zu erklären. Wenn man also einen Ausdruck wie *ad-da-na-ra* findet, so muss man sagen: *ad* wird an Stelle a, b, c, d etc. durch assyr. *abum* »Vater« übersetzt, bedeutet also »Vater«; gleichbedeutend damit ist, wie aus den Stellen e, f, g etc. hervorgeht, die Form *ad-da*. An Stelle h finden wir nun *dingira* wiedergegeben durch ass. *ilum* »Gott«, an Stelle i *dingira-na* durch *ilušu* »sein Gott«, *na* muss deshalb ein Suffix der 3. Pers. Sing. sein und *ad-da-na* »sein Vater« bedeuten. Endlich sehen wir an Stelle k, dass *âni* durch ass. *abišu* »sein Vater« wiedergegeben wird, an Stelle l aber *âni-ra* durch ass. *ana abišu* »zu seinem Vater«, *ra* muss deshalb eine sumerische Postposition mit der Bedeutung »zu, für« sein. Daraus geht mit Sicherheit hervor, dass *ad-da-na-ra* »zu seinem Vater« bedeutet. Wohl ist dieser Weg mitunter langweilig, erfordert auch gründliche Kenntniss aller bis jetzt zugänglichen sumerischen Sprachdenkmäler; er allein trägt aber die Gewähr in sich, zu sicheren Ergebnissen zu führen.

Ausser diesen zweisprachigen Texten besitzen wir nun aber auch, wie gesagt, eine reiche Fülle sprachwissenschaftlicher Arbeiten der assyrischen Gelehrten. Diese **grammatisch-lexikalischen Texte**, welche sich wesentlich im zweiten Bande von Sir Henry Rawlinson's grossem Inschriftenwerk[1] veröffentlicht finden, lassen sich in zwei grosse Abtheilungen ordnen, erstens in Zeichensammlungen, zweitens in Wörterbücher und bilingue Paradigmen.

I. Die **Zeichensammlungen**, ein Name, den Friedrich Delitzsch für die zum mindesten sehr missverständliche Bezeichnung »Syllabare« vorgeschlagen hat, zerfallen in drei Gruppen, welche Delitzsch als S^a, S^b und S^c bezeichnet[2].

a) Die Zeichensammlungen der Gruppe S^a sind in drei Spalten getheilt: die mittlere enthält das zu erklärende Schriftzeichen, die rechte seinen conventionellen Namen, die linke die mancherlei Lautwerthe, welche dem betreffenden Zeichen bei dem polyphonen Charakter der assyrischen Keilschrift eigen sind. Inwiefern diese Gattung von Texten für die Erkenntniss des Sumerischen von Nutzen sind, liegt weniger klar zu Tage; ich will es darum an einem Beispiele deutlich machen. Der »Vogel« wird im Sumerischen 𒄷 geschrieben. Der gebräuchlichste Lautwerth dieses Zeichens ist *ḫu* oder, wie für das Sumerische besser zu transcribiren ist, *ǵu*. So lautete gewiss auch eins der sumerischen Wörter für »Vogel«. Nun finden wir aber an anderen Stellen dieses 𒄷 »Vogel« mit einem darauffolgenden *na*, z. B. *ši* 𒄷 - *na* »Auge des Vogels«. Hieraus ergiebt sich, dass der Vogel im Sumerischen neben *ǵu* auch einen auf *n* auslautenden Namen gehabt haben muss. Diesen lehrt uns aber S^a I, 8, indem es ausdrücklich angiebt, dass 𒄷 auch den Lautwerth *mušên* hatte — hierdurch ist die richtige Lesung von *ši* 𒄷 - *na*, nämlich *ši mušên* + *na*, sprich *ši mušêna*, direct an die Hand gegeben[3].

b) Auch dem Laien verständlich ist der unschätzbare Nutzen, den die Zeichensammlungen der Gruppe S^b bei dem Studium der grösstentheils ideographisch geschriebenen sumerischen Texte gewähren. Hier enthält nämlich die mittlere Spalte das zu erklärende Ideogramm und die rechte und linke seine phonetische Lesung im Assyrischen, beziehungsweise Sumerischen. Die berühmte Zeichensammlung S^b beginnt zum Beispiel:

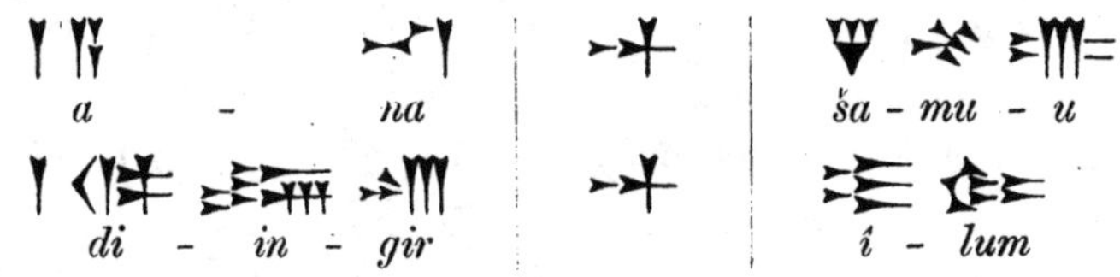

1) *The Cuneiform Inscriptions of Western Asia.* Vol. I, London 1861; II, 1866; III, 1870; IV, 1875; Band V befindet sich in Vorbereitung.

2) Vgl. Delitzsch, Assyrische Lesestücke, Vorrede (vierter Absatz) und Anmerkungen zur Schrifttafel S. 28, Z. 5.

3) Lenormant freilich liest ruhig *ši ḫuna* und construirt auf Grund dieser falschen Lesung eine sumerische Genetivendung *na*, vergl. ESC. pag. 7. Die auf dieser Seite gegen Halévy vorgebrachten Einwürfe sind zu streichen. Wenn Halévy (siehe unten) betreffs dieses *na* sagt: »Encore moins offre-t-il l'idée du cas génitif et instructif que M. Lenormant lui attribue«, so hat er vollständig Recht. Auch die in der »Magie und Wahrsagekunst der Chaldäer« S. 268/9 im Hinblick auf die uralaltaïschen Sprachen construirten Casussuffixe *la, li, ge* etc., desgleichen die »am zuverlässigsten ermittelten Ableitungssuffixe« *ga, ik, da, ma* und *a* existiren im Sumerischen absolut nicht! Ueberhaupt zeichnet sich Kapitel VI des genannten Buches, mit der Ueberschrift »Das akkadische Volk und seine Sprache«, durch viele dem Thatsächlichen zuwiderlaufende Behauptungen aus.

Hieraus erkennen wir, dass das Ideogramm 𒀭 die beiden Bedeutungen »Himmel«, ass. *šamû*, und »Gott«, ass. *ilum* (d. i. اِيلُ* = syr. ܐܠܗܐ, hebr. אֵל), hat. Bedeutet es »Himmel«, so wird es im Sumerischen *ana* gelesen; bedeutet es »Gott«, so ist seine sumerische Aussprache *dingir*. In dieser Weise sind uns über 400 Ideogramme ihrer Bedeutung und Lesung nach genau bestimmt überliefert.

c) Wesentlich dieselben Dienste leisten uns die Zeichensammlungen der Gruppe S^c. Diese unterscheiden sich von der Klasse S^b nur dadurch, dass zwischen dem zu erklärenden Ideogramm und seinem assyrischen Aequivalent noch eine andere Spalte, welche den conventionellen Namen des betreffenden Ideogrammes enthält, eingeschoben ist. S^c ist also gewissermassen eine Verschmelzung von S^a und S^b. Von diesen Texten muss jeder Assyriologe bei seinen Studien ausgehen; überhaupt sollte auch jeder Nichtfachmann, der sich einen allgemeinen Einblick in die sumerisch-assyrischen Forschungen verschaffen will, mit der Lectüre dieser einzigartigen Denkmäler beginnen. Den zuverlässigsten Text bieten die Assyrischen Lesestücke von Friedrich Delitzsch, nach welcher Ausgabe auch wir durchweg citiren.

II. Bei diesen Zeichensammlungen war die Schrift Gegenstand der Erklärung[1]; bei den **Wörterbüchern** und **Paradigmen**, zu denen wir jetzt übergehen, ist es die Sprache und zwar bei jenen die Bedeutung der Wörter, bei diesen ihre Form.

a) Als Beispiel eines einfachen sumerisch-assyrischen Wörterbuches wähle ich II R. 31 No. 2, 14—22 c. d:

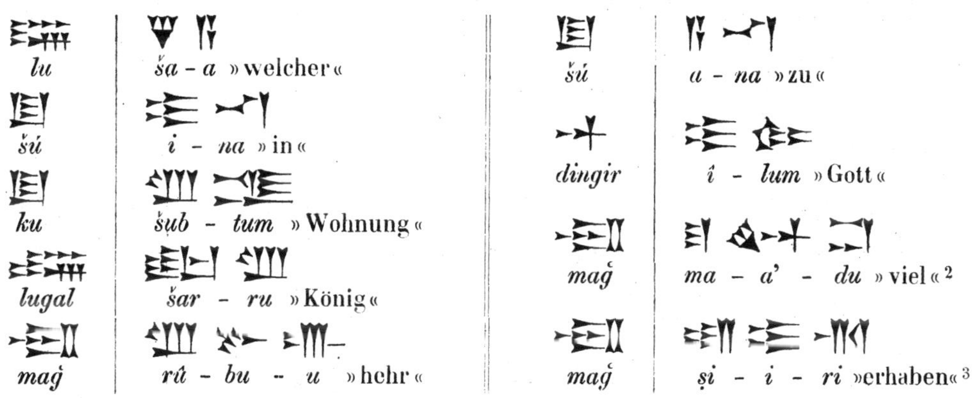

lu	*ša - a* »welcher«	*šú*	*a - na* »zu«
šú	*i - na* »in«	*dingir*	*î - lum* »Gott«
ku	*šub - tum* »Wohnung«	*maǵ*	*ma - a' - du* »viel«[2]
lugal	*šar - ru* »König«	*maǵ*	*ṣi - i - ri* »erhaben«[3]
maǵ	*rû - bu - u* »hehr«		

1) Natürlich sind auch die Zeichensammlungen S^b und S^c zugleich Wörterbücher; ebenso werden die Wörterbücher gewissermassen zu Zeichensammlungen, sobald das Ideogramm ausser der in der rechten Columne enthaltenen assyrischen Uebersetzung noch durch eine beigefügte Glosse seiner sumerischen Aussprache nach bestimmt wird.

2) Form فُعْلُ des Stammes מאד, auf welchen auch, wie schon Schrader bemerkt hat, hebr. מְאֹד zurückgeht.

3) *ṣirum* »erhaben«, das stets nur *ṣi-i-rum*, niemals *ṣi-é-rum* geschrieben wird, ist die Form فِعْلُ von ظهر = **ṣi'ri* = **ṣihri* ظِهْر; *ṣi-é-rum* dagegen ist scriptio plena von *ṣêrum* »Wüste«. Dies ist die Form فُعْلُ von صحر (vgl. arab. صَحْرَاء »Wüste«) und steht nach assyrischen Lautgesetzen für **ṣdrum* = **ṣa'rum* = **ṣaḥrum*. Das Nähere siehe in Excurs IV.

Die Angaben dieses kleinen Wörterbuches werden durch zahllose Stellen der bilinguen Texte sowie durch andre Wörterbücher bestätigt (siehe Glossar).

b) Als Beispiel eines Wörterbuches mit Glossen diene II R. 29, 70—72 a. b:

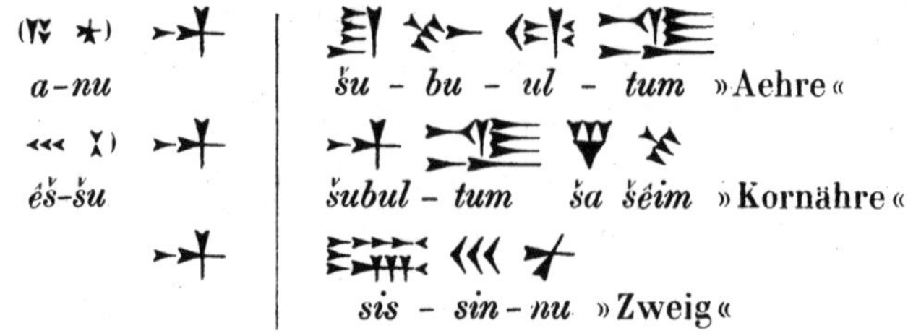

Wir sehen hieraus, dass das nämliche 𒀭, welches in dem eben angeführten Wörterbuche durch ass. *ilum* »Gott« erklärt wird, in welchem Falle es gemäss S^b 2 im Sumerischen *dingir* gesprochen wurde, auch »Aehre« ass. *šubultum*[1] (arab. سُبُولَةٌ, hebr. שִׁבֹּלֶת, äthiop. ሰብል፡) bedeutet und dann der beigefügten Glosse zufolge im Sumerischen *anu* zu lesen ist. Speciell bezeichnet sodann 𒀭 die »Kornähre« ass. *šubultum ša šeim*[2], wörtlich »Aehre des Getreides«; in dieser Bedeutung lautete es im Sumerischen *éššu.* Endlich bedeutet es auch »Zweig«[3] ass. *sissinnu* (= **sinsinu*, vgl. syr. ܣܰܢܣܶܢܳܐ »Zweig«, hebr. סַנְסִנִּים HL. 7, 9 »Palmzweige«), wozu eine phonetische sumerische Aussprache nicht angegeben ist. Wie dies zu verstehen, lehrt ein kleines, von Hormuzd Rassam 1878 mitgebrachtes und von Friedrich Delitzsch mir mitgetheiltes Fragment. Dieses enthält nämlich die Gleichung: … d. i. *an-na gišimmar* = *sis-sin-ni* und zeigt hierdurch, dass bei 𒀭 »Zweig« die Aussprache einfach deshalb nicht angegeben ist, weil das Ideogramm in dieser Bedeutung seinen gewöhnlichsten Lautwerth *an* hat: der »Zweig« heisst im Sumerischen *an*, mit Verlängerungsvocal (geschrieben *an* + *na*) *ana.*

c) Noch wichtiger als diese Wörterbücher sind die sumerisch-assyrischen Paradigmen, welche uns die assyrischen Gelehrten hinterlassen haben. Ich wähle hier einige der wichtigsten aus.

---

1) *šubultum* steht nach assyrischen Lautgesetzen für **šubûlatum* (Form فَعُولَةٌ); das der Femininendung vorausgehende *a* wird nach einem langen Vokal regelmässig synkopirt. Vergleiche: *ti'amtum* »Meer« = **tihâmatum*, hebr. תְּהוֹם (= **tihâmu*, فَعَالٌ); *martum* »Tochter« = **mâratum*; — *bêltum* »Herrin« = **bêlatum*, arab. بَعْلَةٌ; *nêštum* »Löwin« = **nêšatum*, نَهْشَةٌ*; *šimtum* »Geschick« = شِيمَةٌ*; — *nubtum* »Biene« = نُوبَةٌ*, vgl. äthiop. ንህብ፡ arab. نُوبٌ; *abuttu* »Feldarbeit« (vgl. äthiop. ወለት፡ »Tochter«) = عَبُودَةٌ*, hebr. עֲבֹדָה; *sinuntum* »Schwalbe« = سُنُونَةٌ*, syr. ܣܢܘܢܝܬܐ, chald. סְנוּנִיתָא, arab. سُنُونِيَةٌ; *uṣurtum* »Bann, Druck« (hebr. עֶצֶר) = عُصُورَةٌ*, stat. constr. *uṣûrat ilâni* »der Bann der Götter«. Vgl. A. Dillmann, Grammatik der äthiopischen Sprache, § 128.

2) *šeim* ist Genetiv von *šeum*, einem Lehnwort aus sumerisch *še* »Getreide«.

3) Vergl. שִׁבֹּלֶת Zach. 4, 12.

No. 1.

(Lesestücke S. 71 No. 6, a. b).

in-lal	*iškul* »er wog«
in-lal-êš	*iškulû* »sie wogen«
in-lal-ê	*išáķal* »er wägt«
in-lal-ê-nê	*išáķalû*[1] »sie wägen«
in-nan-lal	*iškulšu* »er wog es«
in-nan-lal-êš	*iškulûšu* »sie wogen es«
in-nan-lal-ê	*išáķalšu* »er wägt es«
in-nan-lal-ê-nê	*išáķalûšu* »sie wägen es«

Wir lernen hieraus: 1) dass das Sumerische zwei Tempora unterscheidet, ein Praesens und ein Praeteritum; 2) dass das sumerische Praesens aus dem Praeteritum durch Beifügung eines *ê*, welches ein Pronominalstamm mit der Bedeutung »jetzt« zu sein scheint[2], gebildet wird. Während also *in-lal* eigentlich »er zahlen« bedeutet, ist *in-lal-ê* ursprünglich: »er zahlen jetzt« d. i. »er zahlt«. 3) dass der Plural des Verbums gebildet wird durch Anhängung von *êš* im Praeteritum, von *nê* im Praesens; und endlich 4) dass das Sumerische das Verbalrégime nicht nach Art der semitischen Sprachen suffigirt, sondern der Verbalform zwischen Praeformativ und Wurzel einverleibt; daher »er zahlt es« nicht *in-lal-ê-nan*, sondern *in-nan-lal-ê*, eigentlich »er es wägen jetzt, er es wägt, il le pèse«. — Ganz dasselbe wird durch eine Menge anderer Paradigmen gelehrt und natürlich auch durch die zusammenhängenden Texte bestätigt.

No. 2.

(Lesestücke S. 72).

ki-ni-ta	*ittišu* »mit ihm«
ki-nê-nê-ta	*ittišunu* »mit ihnen«
ki-mu-ta	*ittî'a*[3] »mit mir«
ki-mê-ta	*ittini* »mit uns«
ki-zu-ta	*ittika* »mit dir«
ki-zu-nê-nê-ta	*ittikunu* »mit euch«

Durch dieses Paradigma lernen wir die sumerischen Pronominalsuffixe[4] kennen.

---

1) Vergl. äthiop. *'isķĕl, 'isķĕlû*; *'isáķĕl, 'isáķĕlû*; ይስቅል፡, ይስቅሉ፡, ይሰቅል፡, ይሰቅሉ፡ — Ueber die Natur des assyrischen Praesens *išáķal* und seine Beziehungen zum äthiopischen Imperfectum ይሰቅል፡ siehe meinen Aufsatz *The oldest Semitic verb-form* im *Journal of the Royal Asiatic Society*, 1878.

2) Eben dieses *ê* findet sich in seiner ursprünglichen localen Bedeutung in *mal-ê* »ich«, *za-ê* »du«, eigentlich »ich hier«, »du hier«, vgl. semitisch *an-î, an-ta*.

3) Warum ich *ittî'a, abî'a, bîtî'a, ķatâ'a, šêpâ'a, Ṣidûnâ'a* statt *ittija, abija, bitija, ķata-ai, šêpa-ai, Ṣidunna-ai* lese, werde ich anderwärts auseinandersetzen.

4) Incorporation des Pronomens, welche sich überhaupt nur beim Verbum findet, darf hier nicht angenommen werden; *kinita* ist vielmehr eigentlich: Ort + sein + an (zu *ki* = *ašru* »Ort« siehe S[b] 182, zu *ta* = *ina* »in, an« S[b] 101) d. i. »an seinem Orte, bei ihm, mit ihm«.

No. 3.

(II R. 13, 16—19 a. b).

1. *nam-gab*	*ipṭiru*[1] »Freilassung«
2. *nam-gaba-a-ni*	*ipṭirušu* »seine Freilassung«
3. *nam-gaba-a-ni-šú*	*ana ipṭirišu* »zu seiner Freilassung«
4. *nam-gaba-a-ni-šú azag nê-in-lal*	*ana ipṭirišu ṣarpa iškul*[2] »für seine Freilassung zahlte er Silber«

Aus diesem Paradigma ist ersichtlich 1) dass das Sumerische Abstractformen durch Praefigirung von *nam* »Bestimmung, Schicksal« bildet; denn während S^b 345 die Wurzel *gab* durch ass. *paṭâru* »freilassen« erklärt wird, findet sich hier *nam-gab* oder mit Verlängerungsvocal *nam-gaba* mit *ipṭiru* »Freilassung« wiedergegeben[3]; 2) dass *ni* sumerisches Pronominalsuffix der dritten Person Singularis ist, wodurch das *ki-ni-ta* der vorhergehenden Nummer von Neuem bestätigt wird; 3) dass *šú* eine sumerische Postposition mit der Bedeutung »zu, für« ist, was schon aus dem S. 5 mitgetheilten Wörterbuch hervorging; und 4) dass mit der Verbalform *in-lal* die andere *nê-in-lal* (sprich *nên-lal*) völlig unterschiedslos wechselt, was gleichfalls durch viele andere Beispiele ausser Frage gestellt wird.

No. 4.

(II R. 13, 46 c. d; 18, 19 e. f).

1. *šam*[4]	*šîmu* »Kaufpreis«
2. *šam-bi*	*šîmšu* »sein Kaufpreis«
3. *šam-bi-šú*	*ana šîmišu*[5] »zu seinem Kaufpreis«
4. *šam-bi-šú in-gar*	*ana šîmišu iškun* »zu seinem Kaufpreis bestimmte er«
5. *šam til-la*	*šîmu gamru* »vollständiger Kaufpreis«
6. *šam nu-til-la*	*šîmu lâ gamru* »unvollständiger Kaufpreis«
7. *šam til-la-bi*	*šîmšu gamru* »sein vollständiger Kaufpreis«
8. *šam nu-til-la-bi*	*šîmšu lâ gamru* »sein unvollständiger Kaufpreis«
9. *šam til-la-bi-šú*	*ana šîmišu gamrûti* »zu seinem vollständigen Kaufpreis«
10. *êgir šam nu-til-la-bi-šú*	*ana arkat šîmišu lâ gamrûti* »noch unter seinem nicht vollständigen Kaufpreis«

---

1) *Ipṭiru* steht nach assyrischem Lautgesetz für **japṭiru,* wie *iḳribu* »Gebet« für **jaḳribu*; im Hebräischen entsprechen Bildungen wie יִצְחָק, יַלְקוּט, יִצְהָר u. a. m.

2) Oppert und Lenormant begreifen natürlich nicht, dass das 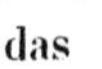 des Inschriftenwerkes offenbar ein Versehen für  ist, und lesen demgemäss statt *iškul* wohlgemuth *išmu,* was aus *išîmu* enstanden sein soll!!

3) Andere Beispiele dieser Abstractbildung siehe bei Friedrich Delitzsch, Assyrische Studien, Excurs II.

4) Zur sumerischen Lesung *šam* siehe S^b 203. Das assyrische *šîmu,* so ungezwungen auch seine Etymologie aus dem Semitischen (vgl. שׂוּם) sein mag, wird dennoch als ein s u m e r i s c h e s L e h n w o r t zu betrachten sein und verhält sich zu *šam*, wie ass. *šinipu* zu sum. *šanabi* S^b 52. Wohl wird man fragen: Warum soll *šîmu* ein sumerisches Lehnwort sein? könnte nicht umgekehrt *šam* aus dem Assyrischen in das Sumerische eingedrungen sein? Dem ist jedoch entgegenzuhalten,

Auch diese Zusammenstellung sumerisch-assyrischer Wortverbindungen bereichert unsre sumerische Sprachkenntniss. Zunächst ersehen wir aus *šam-bi* »sein Kaufpreis«, dass *bi* eine andere Form des Suffixums der dritten Person neben *ni* ist. Das *šam-bi-šú* der Zeilen 3 und 4 bestätigt, was wir schon aus Zeile 3 des vorhergehenden Paradigmas erschlossen. Zeile 5 zeigt uns die im Hinblick auf die ural-altaïschen Sprachen, zu denen man das Sumerische irrig zu stellen pflegt, sehr beachtenswerthe Thatsache, dass das Attribut seinem Substantivum nicht vor-, sondern nachgesetzt wird. Der Zeile 6 entnehmen wir *nu* als die sumerische Negation, und schliesslich lehrt uns das *šam-til-la-bi*, nicht *šam-bi-til-la* der 7. Zeile, dass ein Substantiv mit seinem Adjectiv als untrennbares Compositum behandelt wird.

Wie aus diesen Proben erhellt, könnte man die grammatischen Arbeiten der assyrischen Gelehrten nicht mit Unrecht »chaldäische Ollendorffs« nennen. Eine tiefere Einsicht in den Formenbau der sumerischen und assyrischen Sprache besassen sie entweder nicht oder wollten sie wenigstens nicht durch diese Arbeiten vermitteln; es kam ihnen nur darauf an, möglichst klar und einfach die Verschiedenheit der beiden Sprachen vor Augen zu führen und verwickelte sumerische Redeweisen, wie das obige *égir šam nu-til-lâ-bi-šú*, zu zergliedern und zu erläutern.

Diese Bemerkungen werden genügen, die Beschaffenheit der Quellen unsrer Kenntniss der sumerischen Sprache und ihre Verwerthung zu veranschaulichen. Jeder Unbefangene wird aus dieser kurzen Beschreibung die Ueberzeugung gewonnen haben, dass es uns an Hülfsmitteln zur Erforschung der sumerischen Sprachdenk-

---

dass sich für sumerische Entlehnungen aus dem assyrischen Wortschatz kein einziges sicheres Beispiel auffinden lässt. Die früheren diesbezüglichen Aufstellungen erweisen sich bei näherem Zusehn durchweg als unrichtig. So sollte *alpu* »Stier« als *alap* in das Sumerische übergegangen sein, aber *alap* (S^b 175) ist seitdem von Friedrich Delitzsch als falsche Lesung für *alad* nachgewiesen worden; *ašábu* »wohnen« sollte im Sumerischen zu *išib* geworden sein, aber *išib* (S^b 139) bedeutet ja gar nicht »Wohnung«, sondern »Libation«; ferner sind  »und« und  »gleichwie« im Sumerischen sicher weder *u.* (oder *ua*, Lenormant) noch *kim* zu lesen. Auch *dub* »Tafel« ass. *duppu*; *ǵarub* und *kisim* »Heuschrecke« ass. *ḫarupu* und *kisimmu*; *nanga* »District« ass. *nagû*; *agar* »Feld« ass. *ugaru*; *abzu* »Ocean« ass. *apsû*; *banšur* »Trinkschale« ass. *paššuru*; *zabar* »Kupfer« ass. *siparru*; *ǵarran* »Weg« ass. *ḫarranu* vgl. חָרָן; *mada* »Land« ass. *mâtu*, aram. מָתָא; *šurman* »Cypresse« ass. *šurmênu*, aram. שׁוּרְבָן, ܫܘܪܒܝܢܐ, arab. شَرْبِين; *êrin* »Ceder« ass. *êrinu*, hebr. אֹרֶן; *uru* »Stadt« ass. *êru*, hebr. עִיר; *ibila* »Sohn« ass. *ablu*, hebr. הֶבֶל; *Idigna* »Tigris« ass. *Idignat* (nicht *Hidiglat*!) hebr. חִדֶּקֶל; *guza* »Thron« ass. *kussu*, hebr. כִּסֵּא; *égal* »Palast« ass. *êkallu*, hebr. הֵיכָל; *malaǵ* »Schiffer« ass. *malaḫu*, hebr. מַלָּח; *gan* »Garten« ass. *ginû*, hebr. גַּן, ja sogar *gin* »Rohr« ass. *ḳanu*, hebr. קָנֶה und sum.-ass. *gammal* »Kameel«, hebr. גָּמָל, sind nicht etwa assyrisch-semitischen Ursprungs, sondern umgekehrt alle die hier aufgeführten assyrisch-hebräisch-aramäischen Wörter sind sumerischen Ursprungs. Diese Thatsachen mögen auf den ersten Blick allerdings befremdlich erscheinen, aber trotzdem bleiben sie ganz unzweifelhafte Thatsachen, die noch dazu gar nicht so schwer zu erklären sind.

5) Beiläufig bemerkt, werden im Assyrischen die Casusvocale der von Praepositionen abhängigen Nomina mit Suffix niemals synkopirt. Man sagt zwar *šimšu* »sein Kaufpreis«, *ḳaḳḳâsu* (= *ḳaḳḳassu* = *ḳaḳḳadsu* = **ḳaḳḳadšu* = *ḳaḳḳadišu*) »sein Haupt«, aber, soviel ich wenigstens sehe, nie *ana šimšu, ana ḳaḳḳâsu*, sondern stets nur *ana šimišu, ana ḳaḳḳadišu*.

mäler nicht gebricht, dass Unzulänglichkeit der Quellen die bisherigen kläglichen Resultate nicht hervorgerufen haben kann. Die Schuld liegt vielmehr an den Assyriologen: die mit Recht gerügten buntscheckigen Lesungen, desgleichen die vom Sinne des Originals ebenso wie von einander nicht selten total abweichenden Uebersetzungen sind die Früchte des beklagenswerthen Mangels an Gewissenhaftigkeit und Gründlichkeit, der unwissenschaftlichen Methode, nach der man bisher die sumerischen Studien getrieben hat.

Nach meiner Ansicht ist zur richtigen Lesung und Uebersetzung sumerisch-assyrischer Sprachdenkmäler Folgendes unerlässlich:

1) Der zu behandelnde Text muss mit der peinlichsten Sorgfalt copirt, und, ist er bereits veröffentlicht, wenn irgend möglich nach dem Original revidirt sein. Schon diese erste, mehr als selbstverständliche Vorbedingung fehlt leider bei den Arbeiten François Lenormant's gänzlich; seine Textausgaben wimmeln dermassen von Fehlern, dass wir, wenn wir Anstand nehmen, den Ausdruck »Sudelei« zu gebrauchen, sie wenigstens als eine unerhörte Versündigung des Verfassers an der Zeit und Kraft seiner Fachgenossen bezeichnen müssen: wehe jedem, der aus diesen Texten Nutzen zu gewinnen sucht! Um nur ein Beispiel anzuführen, so hat Lenormant in seinem Buch *Choix de textes cunéiformes* I, 39—48 die Tafel K. 40 nach seiner Copie veröffentlicht. Aber nicht genug, dass in dieser Ausgabe die schon veröffentlichten Stücke II R. 39 No. 3; 8 No. 1; 26 No. 2 mit allen ihren Versehen und Zufälligkeiten im Londoner Inschriftenwerke einfach abgeklatscht sind, lassen sich ausserdem, von andern Mängeln und Ungenauigkeiten abgesehen, allein auf der nur vierundachtzig (84) Zeilen langen Vorderseite nicht weniger denn zweiundneunzig (92) directe Fehler und Abweichungen vom Originaltexte constatiren!

2) Bei der Lesung der Texte darf kein Schwindel unterlaufen. Wenn also Jemand bei 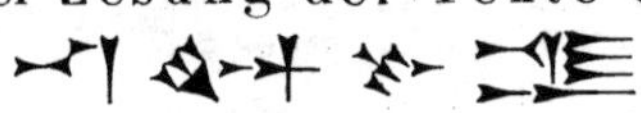 d. i. *na-a'-bu-tum* »fliehen«, weil er diese Form wegen seiner Unkenntniss der semitischen Sprachen nicht erklären kann, das ihm unbequeme  einfach ignorirt und 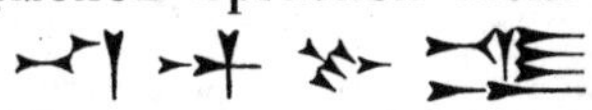 *na-an-bu-tum* liest, dies dann mit »l'action de proclamer, d'annoncer« übersetzt[1]: so ist das eben

1) Siehe François Lenormant, *Étude sur quelques parties des syllabaires cunéiformes*, Paris 1876, pag. 19, Anm. 2. Ein in der Aufregung der Forschung begangenes Versehen kann hier kaum vorliegen, da in den *Additions et Corrections* pag. 198 das Nämliche wiederholt wird. — Was die Form *na'butum* anlangt, so ist diese Inf. Niph. von *abâtu* »fliehen«, welches sich zu אָבַד verhält wie *kabâtu* »schwer sein« zu כָּבֵד. Schon längst hätte man darauf kommen können, die Formen *innabit, ittabit* »er floh«, *munnabtum* »Flüchtling«, die man bisher auf einen Stamm נבת, den Schrader gar mit hebr. נבט vergleicht, zurückführte, von *abâtu* abzuleiten, wenn nicht unter den Assyriologen sehr unklare Vorstellungen über das Wesen der assyrischen Hauchlaute oder besser des assyrischen Hauchlautes — das Assyrische besitzt nämlich nur ein أ, kein ع, غ, ه und ح; خ ist kein eigentlicher Hauchlaut — bestünden. Die Formen *innabit, munnabtum, ittâbit* erklären sich aus يَنْأَبِت*, مُنْأَبِت*, يَأْتَبِت* durch progressive, bez. regressive Assimilation des Hemza. Wie *innabit* »er floh« ist auch *innamir* »er wurde gesehen« von *amâru* »sehen« (vgl. äth.

ein Verfahren, das mit parlamentarischen Ausdrücken nicht mehr charakterisirt werden kann.

3) Ehe Jemand an das Studium der Keilinschriften herantritt, muss er sich einige Kenntniss der semitischen Sprachen angeeignet haben, sonst ist sein ganzes Assyriologenthum eitel Humbug. Zur Charakteristik der semitischen Sprachkenntnisse des Herrn Lenormant genügt ein Beispiel. Was würden wohl die Arabisten sagen, wenn unter ihnen Jemand mit der Behauptung aufträte, dass man statt رَجُلٌ, رَجُلٍ, رَجُلًا auch mit Abfall der Casusendungen und innerer Flexion رَجُلْ, رَجِلْ, رَجَلْ sagen könnte. Ein jeder von ihnen würde diesem Unglückskinde jedenfalls den guten Rath geben, seine Talente doch lieber einem andern Gebiete zu Gute kommen zu lassen. Man wird vielleicht glauben, dass ich scherze; aber Herr Lenormant fasst in der That in seinem Werke *Étude sur quelques parties des syllabaires cunéiformes* das ganze Buch hindurch in dem bekannten sumerischen Lehnworte *šéum* »Getreide«, welches ausnahmslos *šéum*, *šéim*, *šéam* (also شَيْءٌ*, شَيْءٍ*, شَيْئًا*) flectirt wird, *šé* für ein stummes Determinativ und construirt dann, nachdem er dem armen Worte den Kopf abgebissen hat, ein Nomen *um* mit dem Genitiv *im*, Accusativ *am* (also ءٌ, ءٍ, ءًا); wozu er im Glossar noch hinzufügt: »cf. arab. أَمَة[1] »récolte féconde, herbe abondante«. Jede weitere Bemerkung ist meines Erachtens hier überflüssig.

4) Aber nicht nur gründliche Kenntnisse auf dem Gesammtgebiet der semitischen Sprachen verlangen wir von einem jeden, der auf den Namen eines Assyriologen Anspruch erhebt — zum Studium der Keilinschriften ist vor Allem auch sprachwissenschaftliche Vorbildung unerlässlich. Ist es doch zunächst die Hauptaufgabe, die Sprache der Denkmäler in ihren Formen festzustellen und ihrem Wesen nach zu erklären[2]. In der semitischen Grammatik ist leider von einer strengen Durchführung der Principien der vergleichenden Sprachwissenschaft zur Zeit so gut wie nichts zu spüren; der Assyriologe wird deshalb vorläufig immer noch darauf angewiesen sein, bei den Indogermanisten in die Schule zu gehen, um

---

ሰምረ:) gebildet. Vgl. ferner: *ḫiṭṭu* »Sünde« = خِطْءٌ*; *ṣâbu* »Krieger« = **ṣabbu* = **ṣab'u*, äth. ጸብእ:; *rukku* »Firmament« = رَقْعٌ*; *ṣûbu* »Finger« = **ṣubbu* = صُبْعٌ*; *ṣilu* »Rippe« = **ṣillu* = ضِلْعٌ; *dimtum* »Thräne« = **dimmatum* = دِمْعَةٌ*; *ṣirtum* »weibliche Brust« = **ṣirratum* = ضِرْعَةٌ*, vgl. arab. ضَرْعٌ »mamma, uber«; *zêrum* »Same« = **zârum* = **zarrum* = زَرْعٌ und viele andere. — Regressive Assimilation des Hemza zeigt z. B. *dimtum* »Strebepfeiler« — **dimmatum* = دِعْمَةٌ; *irtamma* »er donnerte« = **irtá'ma* = يَرْتَعِمُ*; *illik* und *ittálka* »er ging« = يَهْلِكُ*, يَهْتَلِكُ*, *ittábal* »er nimmt« = يَهْتَبِلُ* u. s. w., u. s. w.

1) Er meint damit jedenfalls das أَمَةٌ, welches Freytag in seinem Lexikon I, pag. 72 anführt!

2) Wer sich ein Bild von Lenormant's Methode der vergleichenden Sprachforschung machen will, dem empfehle ich das schon oben erwähnte VI. Kapitel seiner »Magie und Wahrsagekunst der Chaldäer« zu lesen.

sich die zu jeder wahrhaft philologischen Thätigkeit, vor Allem aber bei der Erforschung einer erst in ihren rohen Umrissen festgestellten Sprache unumgänglich nothwendigen Grundsätze der allgemeinen Sprachwissenschaft anzueignen.

5) Alles dies giebt aber noch lange nicht die Bürgschaft für ein richtiges Verständniss der sumerischen Texte. Wer diese wissenschaftlich erklären will, muss nicht allein den II. Band des Londoner Inschriftenwerkes, die sumerisch-assyrischen Paradigmen, Wörterbücher u. s. w., sondern auch die bilinguen Texte des IV. Bandes eingehend studirt haben, vor Allem aber, was sich eigentlich von selbst verstehen sollte, die Zeichensammlungen von Anfang bis zu Ende im Kopfe haben. Herr Jules Oppert zeigt eine so gräuliche Unkenntniss dieser Fundamentaltexte der Assyriologie, die er jedenfalls »schon seit mehr denn 23 Jahren kennt, ehe überhaupt an den Verfasser gedacht wurde«, dass sich Niemand wundern kann, wenn er selbst die einfachsten und gewöhnlichsten Keilschriftzeichen nicht richtig zu lesen versteht. Wenn Herr Oppert noch nicht weiss, dass  - *ra* »Gott« nicht *an-ra*, sondern *dingir-ra* zu lesen ist (*Documents juridiques* pag. 11, 25); wenn er statt *gal-la* »sein« durchweg *ik-la* schreibt (ibid. 12, 36. 40. 42; 41, 21. 22 u. s. w.)[1]; statt *ib* beständig *tuv* liest (14, 12; 28, 19), *a tuv ta an go-e* (28, 16) statt des allein richtigen *a ib-ta-an-dé-é*, *tum-ta an ud-du* (33, 8; 41, 20; 55, 3) statt *ib-ta-an-é; é-tuv ta an mal-mal* (34, 19) statt *é ib-ta-an-ga-ga; é a-ne tur-tur-ra* (34, 21) statt *éa né-ib-tur-ré;* wenn er (12 Anm.) ausdrücklich bemerkt, dass er die sumerische Aussprache von  »Kaufpreis« nicht kennt, obwohl S^b 203 (II R. 2, 335), also in dem Texte, den der grünste Anfänger in der Assyriologie kennen muss, gross und breit zu lesen ist, dass dieses Ideogramm im Sumerischen *šam* gesprochen wurde; wenn er nicht weiss, dass »Kind« im Sumerischen nicht *tur* (43, 57 ff.), sondern gemäss S^b 305 *du* heisst, was auch Lenormant noch nicht gelernt zu haben scheint; nicht weiss, dass »Sohn« nicht *tur-us* (43, 62 ff.), sondern nach S^b 307 *ibila* zu lesen ist; wenn er statt *ukuršú* trotz II R. 48, 12 a *ut-kur-ku* liest (55, 4; 56, 22), statt *ki-kankal-bi-šú*[2] trotz II R. 52, 72 g *ki-ki-rib-bi-ku* (pag. 9), statt *sila-ta ba-an-da-il-la* trotz S^b 304 und II R. 26, 43 c *tar-ta ba-an-da-ga-ṭu-la* (55, 8; auch Lenormant kennt diese Stelle des II. Bandes nicht); wenn er statt *gu* »sprechen« beständig *ka* liest (56, 25. 30 ff.), statt *kubabbar* »Silber«, unbe-

---

1) Dieser unverantwortliche Fehler ist schon von Dr. Fritz Hommel (ZDMG. XXXII, 186) mit Recht gerügt worden. Die Gründe, mit denen Herr Oppert (Gött. gel. Anzz. 1878, Stück 33, No. 52) diesen Vorwurf zu entkräften sucht, bedürfen keiner Widerlegung. Wenn Jemand, obwohl die Zeichensammlungen (S^c 49) ausdrücklich angeben, dass  in der Bedeutung »sein« (ass. *bašú*) nicht *ik*, sondern *gal* zu sprechen ist,  - *la* »sein« nicht *gal-la*, sondern *ik-la* liest, so ist dagegen eben nichts zu machen. Beiläufig bemerkt, sagt Herr Oppert an dieser Stelle: »die sumerische Sprache ist mir noch so unbekannt (sic!), dass ich es nicht auf mich nehmen kann, die Buchstaben (sic!) anders zu lesen, als sie dastehen, bevor ich nicht durch Anderer oder durch eigene Entdeckung meiner eigenen Unwissenheit (sic!) abgeholfen habe«. Das ist wenigstens ein offenes Geständniss. So lange Herr Oppert aber »seiner eigenen Unwissenheit nicht abgeholfen hat«, sollte er sich nicht herausnehmen, ein Werk wie Delitzsch's Assyrische Lesestücke anzuzeigen.

2) Zu *ki-kankal-bi-šú* »zu ihm«, eigentlich »zu seiner Hoheit« vgl. Delitzsch, Assyr. Studien, Excurs V, und besonders Lenormant, ESC, pag. 177.

kümmert um die ausdrückliche Angabe in S[b] 111 (II R. 1, 110), ruhig *kú-par* (15, 30 ff.; 16, 43 u. s. w.), statt *kuš* trotz II R. 48, 5 a *šur* schreibt (34, 18; 35, 34); wenn er nicht weiss, dass  »machen« nicht *sa* (14, 10), sondern *gar* zu lesen ist, noch nicht einmal gelernt hat, dass »Herz« im Sumerischen *ša* hiess (34, 20); wenn er sich nicht schämt,  »über« im Sumerischen *eli* على (34, 24),  »Same« im Sumerischen *zir* زرع (26, 30),  »Herz« im Sumerischen *lib* لبّ zu lesen (41, 22; 55, 4); wenn er diese unverzeihlichen Fehler begeht, zu denen noch Hunderte von Beispielen der offenbarsten Unfähigkeit, auch nur eine Zeile Sumerisch correct zu lesen, hinzukommen: dann —— wir überlassen das Urtheil dem Leser!

Jeder wird nunmehr klar erkannt haben, was die Verschiedenheit der Lesungen und Uebersetzungen hervorgerufen hat, und zu der Ueberzeugung gelangt sein, dass die Arbeiten gewisser Assyriologen selbst den bescheidensten Ansprüchen, die man hinsichtlich einer wahrhaft wissenschaftlichen Methode stellen muss, nicht genügt haben. Wie wäre es auch möglich gewesen, ganze Bücher mit Uebersetzungen der schwierigsten Keilschrifttexte zu füllen, wenn man nicht von vornherein darauf verzichtet hätte, wirklich Gediegenes zu liefern!

Ich will mich hier nicht mehr in eine langathmige Polemik gegen diese sensationssüchtige Uebersetzungsmacherei, die Laien allerdings gewaltig imponiren mag, einlassen; es genügt auf die Thatsache hinzuweisen, dass, noch ehe der IV. Band des Londoner Inschriftenwerkes der Oeffentlichkeit übergeben war, in Paris das bekannte Buch des Herrn Lenormant, *La Magie chez les Chaldéens*, erschien, in welchem eine wahrhaft ungeheure Anzahl der in diesem Bande publicirten Texte »übersetzt« ist; schon das blosse Verzeichniss dieser sumerischen, assyrischen und ägyptischen Texte füllt über drei enggedruckte Seiten! Wahrlich, eine beneidenswerthe Genialität und Gelehrsamkeit, eine solche Fülle der schwierigsten Texte, von denen schon der fünfzigste Theil mindestens eine halbjährige angestrengte Arbeit in Anspruch nehmen würde, in so kurzer Zeit aufzufassen und zu verstehen, wahrhaft bewunderungswürdig! Ich glaube nicht zuviel zu behaupten, wenn ich sage, dass zur wissenschaftlichen Uebersetzung und Erklärung der in diesem Buche übertragenen sumerischen Texte ein volles Menschenalter nothwendig wäre — hier wird diese Riesenaufgabe in wenigen Monaten gelöst.

Nun sehen wir uns aber einmal diese »Uebersetzungen« an, schlagen wir zum Beispiel pag. 59 auf! Dort lesen wir: »son dieu dans son corps fait la blessure, sa déesse impose en lui l'angoisse«, während das Original bietet: »sein Gott ist aus seinem Leibe gewichen, seine Göttin hat sich abseits niedergelassen«[1]. In der nächsten Zeile wird dann *tu-dim ban-dul* =

---

1) Assyrisch (IV R. 7): *ilušu ina zumrišu illêsi* (ينتسع), *Ištaršû muštaltum* (sic! beachte IV R. 26, 30/31 a) *ina aḫâti ittáziz* (ينتزز). Was *muštaltum* bedeutet, vermag ich noch nicht mit Sicherheit anzugeben; ich mache aber darauf aufmerksam, dass das entsprechende sumerische 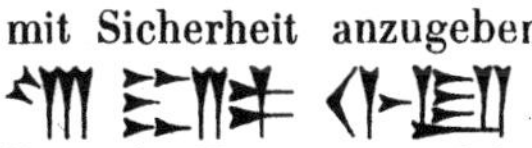 d. i. *ša* + *kuš* + *ša* (*ša-kuša*) II R. 27, 36 c. d, wenn meine naheliegende Ergänzung richtig ist, durch ass. *nâḫu ša libbi* »sich beruhigen, vom Herzen gesagt« er-

assyr. *kima ṣubati iktumšu* »wie mit einem Kleide hat er ihn bedeckt«, durch »pareille à la hyène, le subjugue, etc.« wiedergegeben. — Es folgt dann weiter die wunderschöne Erzählung vom Gotte Merodach, der sich des unglücklichen, vom Fluche betroffenen Menschen erbarmt und zu seinem Vater Hêa, dem guten Gotte, geht, um ihn um Rath und Hülfe zu bitten. Es heisst da[1]: »Was soll er thun, dieser Mensch, nicht weiss ich, wodurch er genesen kann? Da antwortet Hêa seinem Sohne Merodach: »Mein Sohn, was wüsstest du nicht, wass soll ich dir noch hinzufügen? Merodach, was wüsstest du nicht, was soll ich dich weiter noch lehren? Was ich weiss, das weisst auch du. Gehe, mein Sohn Merodach, führe ihn zu dem Hause der reinigenden Besprengung, löse ihn vom Fluche, befreie ihn vom Fluche«! Herr François Lenormant übersetzt dies: »Combine le nombre; cet homme ne le sait pas, il est soumis au nombre. A son fils Silik-moulou-khi il a répondu: »Mon fils, tu ne connais pas le nombre; que je te dispose le nombre; Silik-moulou-khi, tu ne connais pas le nombre; que je te dispose le nombre. Ce que je sais, tu le sais. Viens, mon fils Silik-moulou-khi. ... Élevé, présente-lui une main secourable. Expose l'ordre du destin, manifeste l'ordre du destin«. — Ein Assyriologe, der einen Funken von Begeisterung für das herrliche Studium des Sumerischen besitzt, könnte sich an seiner Wissenschaft nicht so versündigen.

Derartige Productionen müssen von nun an schonungslos an den Pranger gestellt werden, jede elegante Uebertragung, der nicht die Transcription des Originaltextes und eine ausführliche grammatische Begründung zur Seite steht, muss als werthlos, absolut werthlos zurückgewiesen werden. Die Gelehrten, die dann sumerische Texte veröffentlichen wollen, werden unter diesen Umständen allerdings langsamer arbeiten müssen, werden auch nicht so hochbegnadet und inspirirt erscheinen, dass sie die enormen Schwierigkeiten, die sich auf diesem Gebiete auf Schritt und Tritt entgegenstellen, mit spielender Leichtigkeit überwinden, aber, was sie geben, wird der schärfsten Kritik Stand halten können. Wohl werden Irrthümer, die bei einer so jungen und und so ungemein schwierigen Wissenschaft unvermeidlich sind, trotz alledem vorkommen, sie werden aber der Wissenschaft förderlich sein.

Nur auf dem Wege der strengsten philologischen Akribie kann die Assyriologie das Ziel erreichen, dem jede wahrhaft wissenschaftliche Forschung doch zustreben soll: gesicherte, unerschütterliche Resultate zu gewinnen!

---

klärt wird. Wohl zu unterscheiden von diesem  *ša* + *kuš* + *ša* ist   d. i. *ša* + *šur* + *ra* (*ša-šura*), welches IV R. 10, 50/51 a durch ass. *ina uzzi* (عزّ) *libbišu* übersetzt wird.

1) Die Transcription der assyrischen Interlinearübersetzung lautet: [*minâ*] *êpuš amêlu šuatam, ul idi* (أيدع), *ina mini ipâšaḫ. Êa mârišu Maruduk ibbal: mârí minâ lâ tidí, minâ lûṣipka; Maruduk minâ lâ tidi, minâ lûraddîka? ša anaku idû* (= أيدع*), *atta tidi. Alik mârí Maruduk,* [*aššu bít*] *rimḳu élli liḳíšuva, mâmitsu pušurva, mamitsu puṭur.*

Die sumerischen Familiengesetze.

Ueberschrift.

u - kur - šú *u - na - mê - šú.*

Für den andern Tag, für jedweden Tag.

Das heisst natürlich: »für spätere Tage, für alle Tage« oder »für die Zukunft, für ewige Zeiten«.

Diese Ueberschrift muss vor Gesetzbestimmungen sehr gewöhnlich gewesen sein; wir finden deshalb genau dieselbe Phrase in einem kleinen sumerisch-assyrischen Wörterbuche (II R. 48, 12. 13 a. b) übersetzt und, was noch mehr werth ist, auch wenigstens in ihrem ersten Theile der phonetischen Aussprache nach durch eine beigesetzte Glosse bestimmt. Die Stelle lautet:

u-kur-šu | *a - na ma - tí - ma,*[1]

u - na - mê - šú | *a - na ar - kat û-mî*

Der Assyrer übersetzt also frei: »für wann nur immer« (*matîma*[2] = arab. مَتَى مَا), für die fernste Zukunft (*arkat*)[3] der Tage«. Auch II R. 10, 4 c. d wird das sumerische *u-kur-šú* durch *ana matîma* wiedergegeben. Wie aber schon bemerkt, ist diese Uebersetzung durchaus nicht wörtlich; *u-kur-šú* heisst ursprünglich keineswegs »für wann nur immer«, sondern »für (*šú*) den andern (*kur*) Tag (*u*)«.

Will man sumerische Wortcomplexe richtig analysiren, so muss man mit ihrer Zerlegung stets von hinten anfangen. Wir behandeln deshalb zunächst **die Postposition**  ***šú.***

---

1) Diese Zeile enthält im Londoner Inschriftenwerk zwei schlimme Fehler; siehe dazu Delitzsch, Assyrische Lesestücke, S. 76 Anm. 6.

2) *Matîma* verhält sich zu مَتَى مَا wie *adî* »bis« zu עדי, *êlî* »über« zu עלי, arab. عَلَى.

3) *Arkatum*, das nach assyrischen Lautgesetzen für **varkatum* steht, bedeutet eigentlich »Hintertheil«, daher *arkat êlippi* (sumerisch *êgir ma*) »Schiffshintertheil, puppis« II R. 62, 69 g. h, dann aber, auf die Zeit übertragen (vgl. äthiop. ድኅር፡ »Hintertheil« und »Zukunft«, hebr. לְאָחוֹר Jes. 41, 23. 42, 23, בְּאַחֲרִית הַיָּמִים »am Ende der Tage« etc.), »Zukunft«, vielleicht speciell »fernste Zukunft«. Vgl. hebr. יַרְכְּתֵי צָפוֹן »die fernsten Gegenden des Nordens« Jes. 14, 13; יַרְכְּתֵי אֶרֶץ »die fernsten Gegenden der Erde« Jer. 6, 22. 25, 32. — *Ana arkat ûmî* findet sich auch II R. 18, 31 h.

Die Bedeutung dieses nachgesetzten 𒂠 ist vollkommen klar; vergleiche:

1) II R. 9, 59. 60 c. d: *nam-du-a-ni* = *mârûsu*[1] »seine Kindschaft«, *nam-du-a-ni* - 𒂠 = *ana mârûtišu* »zu seiner Kindschaft«.

2) II R. 9, 63. 64 c. d: *nam-ibila-a-ni* = *ablûsu*[1] »seine Sohnschaft«, *nam-ibila-a-ni* - 𒂠 = *ana ablûtišu* »zu seiner Sohnschaft«.

3) II R. 13, 47. 48 c. d. 18, 20. 21 e. f: *šam-bi* = *šîmšu* »sein Kaufpreis«, *šam-bi* - 𒂠 = *ana šîmišu* »zu seinem Kaufpreis«.

4) IV R. 2, 11. 12 a: *sag-gá-ni* = *ḳaḳḳâsu* »sein Haupt«, *sag-ga-a-ni* - 𒂠 = *ana ḳaḳḳadišu* »zu seinem Haupte«.

5) Delitzsch, Assyr. Lesestt. S. 75 No. 8, 6—10. II R. 9, 45 c. d: *um-mé-ga-lal*[2] = *mušêniḳtu*[3] »Amme«, *um-mê-ga-lal* - 𒂠 = *ana mušêniḳti* »der Amme«.

6) S^b 246, IV R. 2, 22 c: *uku* = *nišu* »Mensch, Volk«, *uku*-𒂠 = *ana niši.*

7) II R. 8, 61—63 c. d: *én-nu-un* = *mâṣartu* »Wache«, *én-nu-un* - 𒂠 = *ana mâṣarti*[4] »zur Wache«.

8) S^b 273, IV R. 13, 42/43 a: *kin* = *šiprum*[5] »Sendung«, *kin* - 𒂠 = *ana šipri.*

9) S^b 128, IV R. 5, 38/39 b: *abzu* = *apsû* »Ocean«, *abzu* - 𒂠 = *ana apsî* »zum Ocean«.

10) S^b 304, II R. 33, 11. 12 c. d, IV R. 16, 53/54. 52 b: *sila* = *sûḳu* »Strasse« (arab. سُوقٌ, hebr. שׁוּק), *sila damala* = *sûḳu rapšu* »breite Strasse«, *sila damala* = *rêbitu*[6] »breite Strasse, Platz«, *sila damala* - 𒂠 = *ana rêbiti* »auf die breite Strasse«.

---

1) *Mârûsu* (geschrieben *ma-ru-us-su*) ist = *mârûtsu* = **mârûtšu* = *mârûtišu*, ebenso *ablûsu* = *ablûtišu*.

2) *Ummê* ist ein Naturlaut (vgl. أُمّ), der sich auch in *ummêda* = ass. *târitum* (d. i. تَهْرِيَةٌ*, Stamm הרה) »schwangere Frau« (S^b 119) findet, *ga* bedeutet »Milch« und *lal* (S^b 143) »ausgiessen« ass. *šapâku* = سفك, שָׁפַךְ.

3) *Mušêniḳtum* ist nach assyrischen Lautgesetzen = مُشَيْنِقَةٌ*, Part. fem. des Schaphel von ينق = hebr. יָנַק, vgl. מֵינֶקֶת »Säugamme«.

4) *Mâṣartum* steht für *maṣṣartum* und dies für **manṣartum*, Stamm *naṣâru* »bewachen, beschützen«, hebr. נָצַר. Ebenso gebildet ist *mâdattum* »Tribut« (von *nadânu* »geben«), das in der Form ܡܕܬܐ in das Syrische übergegangen ist. Auch das hebräische und chaldäische מִדָּה »Zins, Tribut« Neh. 5, 4. Esra 4, 20. 6, 8 ist offenbar nur eine volksetymologische Umgestaltung des assyrischen *mâdâtum* = **mandantum*.

5) Vgl. zu dieser Lesung besonders IV R. 12, 30/31. 25, 57/58 b.

6) *Rêbitum* (vgl. ርሕብ:, رَحْبَةٌ, רְחֹב) ist nach assyrischen Lautgesetzen ganz regelmässig aus رَحْبَةٌ entstanden: *rahbatum*, **ra'batum*, **râbatum*, **rêbatum*, *rêbitum*. Ebenso entspricht dem arabischen ثَعْلَبٌ »Fuchs« im Assyrischen *šêlibum* (IV R. 11, 46 a). Auf den ersten Blick sieht man allerdings nicht, dass in *rêbitum* die Form فَعْلَة von رحب steckt, ebenso wie man zunächst nicht leicht herausfindet, dass *rêšu* »Kopf«, *ṣênu* »Kleinvieh«, *nêšu* »Löwe«, *rêmu* »Gnade«, *šêru* »Morgen«, *ṣêru* »Wüste«, *bêlu* »Herr«, *ṭêmu* »Botschaft«, *zêru* »Same« die Form فَعْل repräsentiren.

Seltener entspricht diesem 𒆪 in der assyrischen Uebersetzung die Praeposition *ina*, z. B. *id*[1]*-da* - 𒆪 = *ina nâri*[2] »in dem Flusse« II R. 16, 19 c. d, *bara* - 𒆪 = *ina aḫâti*[3] »auf der Seite« II R. 18, 43 a. b. IV R. 7, 12 a, *saga-bi* - 𒆪 = *ina rêšišu* »in« oder »auf sein Haupt« IV R. 14 No. 1 Rev. 3/4. Dazu stimmt vollkommen die Angabe des S. 5 angeführten Wörterbuches, in welchem 𒆪 sowohl durch *ana* als auch *ina* wiedergegeben wurde.

Ueber die Bedeutung dieser sumerischen Postposition kann man nach den angeführten Stellen nicht mehr im Zweifel sein; schwieriger ist die Frage, wie 𒆪 zu lesen ist. Der gewöhnlichste Lautwerth dieses Zeichens ist *ku;* daraus folgt aber nicht, dass die Postposition 𒆪 wirklich, wie man bisher allgemein angenommen hat, *ku* zu lesen ist. Bei der S. 15 angeführten Stelle *ù-kur* - 𒆪 giebt die beigefügte Glosse ausdrücklich an, dass 𒆪 hier nicht *ku*, sondern *šu* zu lesen sei; eine andre Stelle aber, wo für diese Postposition die Lesung angegeben wäre, giebt es nicht. Es ist daher nach meiner Ansicht das einzig Rationelle, nicht bloss in *u-kur* - 𒆪, sondern überhaupt in allen Fällen diese Postposition *šu* zu lesen. Diese Lesung wird um so wahrscheinlicher, da das Zeichen 𒆪, welches S[a] I, 20—24 mit den Lautwerthen *ku, zi, ši, dur* und *tukul* erscheint und dort nach dem letzten Lautwerth den Namen *tukullum* führt, S[a] VI, 9 den Namen *šu-u* erhält, was offenbar auf einen Lautwerth *šu* hinweist[4]. Ja die Postposition 𒆪 scheint sogar einmal phonetisch geschrieben zu sein. Wir finden nämlich II R. 13, 40 a. b: [cuneiform] *ê-a-ni šu ba-ab-tur*[5]*-rê*, was in der assyrischen Columne durch *ana bîtišu irub*[6] »in sein Haus tritt er ein« wiedergegeben wird.

Bei diesem letzteren Beispiele könnte es zunächst allerdings zweifelhaft erscheinen, ob man [cuneiform] zu *êani* oder zu *bab-tur-ê* ziehen soll; *šu-bab-tur-ê* wäre ja an sich eine durchaus correcte Form, nämlich das Praesens eines Causativums, genau

1) Zu der Lesung *id* des Ideogrammes [cuneiform] siehe Delitzsch, Anmerkungen zur Schrifttafel No. 303. Nunmehr wird auch klar, was das *id* in *Idignat* (so, nicht *Hidiglat,* ist zu lesen!) d. i. sum. *Id-igna* »Tigris« ist.

2) *Nâri* (= **na'ri* نَهْر) ist an dieser Stelle defectiv *na-ri* geschrieben; ebenso finden wir IV R. 22, 11 b den Plural in der Schreibung *na-ra-a-ti; ina pî na-ra-a-ti* »an der Mündung der Ströme« sum. *id-kâna-ta.* Daraus geht klar hervor, dass *na-a-ru* nicht *naharu* (Schrader), sondern *nâru* zu lesen ist; ein ה kennt das Assyrische überhaupt nicht. Die richtige Lesung *nâru* findet sich schon bei Lenormant.

3) Herr Lenormant übersetzt dieses *ina aḫâti* »auf der Seite« mit »reciproquement« ESC. pag. 215. Da giebt besonders II R. 18, 43 b einen netten Sinn!

4) Herr Lenormant liest allerdings statt des 𒆪, welches das Londoner Inschriftenwerk bietet, [cuneiform]. Dies kommt indess bei der Methode, welche er bei seinen Textmachereien befolgt, nicht weiter in Betracht.

5) Dass [cuneiform] den Lautwerth *tur* hat, lehrt die Glosse II R. 55, 16 a, vgl. Excurs I.

6) Die Form *irub* ist Praesens, nicht Praeteritum, und vollkommen regelmässig nach assyrischen Lautgesetzen aus **ja'ârub* (Praesens *u* wie *ibâlut, iššâgum, iddâmum* etc. etc.) hervorgegangen. **Ja'ârub* (= [Ethiopic]) muss zu **ja'ârub* bez. **ja'arrub* (Ludolf transcribirt [Ethiopic] *jenâgger*!), **jarrub, irrub, îrub* werden, ebenso wie **jahâlak* »er geht« zu *illak* wird, **ja'âmar* »er sieht« zu *immar* etc.

so gebildet wie *šu-bab* -  »er nimmt« ass. *ilâķî* (= يَلْقَحُ*) oder *imâhar*, bez. *imhur*[1]. Dies ist indess unmöglich, da die Wurzel *tu* (ursprünglich *tur*) »eintreten« niemals mit dem causativen  componirt wird[2]. Man sagt vielmehr: 1) *é-mu nam-ba-tu-tû-nê*[3] = ass. *ana bîtî'a ai îrubûni* (يغربون) »in mein Haus sollen sie nicht eintreten« IV R. 1, 55/56 c. 2) *é ki-ku-a-mu*[4] *nam-ba-tu-tû-né*[5] = ass. *ana bît šubtî'a ai îrubûni* »in das Haus, da ich wohne, sollen sie nicht eintreten« IV R. 1, 59/60 c. 3) *Utuk šaga*[6] *dingir šaga éa gên-tu-tû-né* »der gnädige Utuk (ein Dämon), der gnädige Gott mögen in das Haus eintreten« IV R. 6, 49 b[7]. 4) *â*[8]*-ni Ên-ki*[9]*-ra éa ba-šin*[10]*-tu gu-mun-nan*[10]*-dé-a* = ass. *ana abîšu Êa ana bîti iruvva*[11] *išisî* »zu seinem Vater Hêa in das Haus tritt er ein und spricht« IV R. 22, 49/50 a; vgl. 7, 17/18 a. 15, 55/56 a.

---

1) Vgl. II R. 8, 47 c. d. 14, 23 c. d. 18, 18 e. f. 48, 11 c. d. Da der Plural zu *im-*  *im-hu-rû*, der Imperativ *mu-hur* (IV R. 17, 56 a) lautet, muss natürlich nicht *im-har*, sondern *im-hur* gelesen werden. Das Zeichen  hat, wie mehrere Glossen des zweiten Bandes (II R. 8, 21 c. 24, 39 g. 55, 36 a) zeigen, neben *har* auch den Lautwerth *hur*. Wie ich zu meiner Freude bemerke, hat schon Oppert in seinen *Documents juridiques*, pag. 17, die Lesung *imhur*. Leider findet sich aber bei ihm auf derselben Seite, nur zwei Zeilen vorher, auch die Form *imharu* — ein Fehler freilich, welcher Lenormant's Schuld ist, der statt  - *ha-ru*, wie im Original steht, in seiner Textausgabe (*Choix de textes*, pag. 20)  - *ha-ru* schreibt!

2) 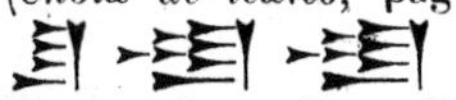 (*šu-tu-tu*) »nehmen« ass. *êkimu*, II R. 48, 9 c. d, beweist gegen obige Behauptung nichts; denn diese Wurzel ist nach Excurs II zu beurtheilen.

3) *Nam-ba-tu-tû-nê* ist contrahirt aus **nam-ba-tu-tu-u-nê* = **nam-ba-tu-tu-é-nê*, siehe Excurs II.

4) *Ki-ku* ist eigentlich »Ort + Ruhe«. Auch *ku* allein bedeutet schon, wie Zeile 3 des S. 5 angeführten Wörterbuches lehrt, »Wohnung«, ass. *šubtum* (Stamm *ašâbu* = **vašâbu*).

5) Das Inschriftenwerk bietet nicht *né*, sondern *ni*. Es scheint dies ein Versehen zu sein, das durch die benachbarten assyrischen Formen, welche sämmtlich die volle Endung - *ûni* haben, veranlasst ist. Indess ist zu beachten, dass sich IV R. 8, 34 b auch statt *dingirênê* »Götter« (ass. *ilâni*) *dingirêni* geschrieben findet.

6) Zur Lesung *šaga* siehe S^{a} 2, 3; vgl. Excurs I.

7) Diese Zeile hat keine assyrische Interlinearübersetzung; sie müsste lauten: *Utukku damķu ilu damķu ana bîti lirubûni* (لِيغربون).

8) *â* »Vater« wird  geschrieben, was sämmtliche Assyriologen *ai* lesen. Es lässt sich aber durch keinen irgendwie stichhaltigen Grund beweisen, dass das Sumerische den Diphthong *ai* überhaupt gekannt habe. Auch *ta-a-an* »Zahlmass« ist nicht *tain* oder *tên*, sondern *tân* zu lesen. Wenn *aš-ta-a-an* »eins an Zahl« im Assyrischen zu *ištên* wird, was dann als עַשְׁתֵּי auch in das Hebräische überging, so folgt daraus durchaus nicht, dass *ta-a-an tain* zu lesen sei: *ištên* verhält sich vielmehr zu *aštân* wie ass. *êgubbu*, *šurmênu*, *êpinu* (S^{b} 291), *êsigu*, *êdû* (II R. 38, 69. 70 a. b) u. v. a. zu sum. *agub*, *šurman*, *apin*, *asiga*, *adêa*. Ich glaube deshalb, dass 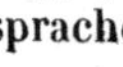 »Vater« *â* zu lesen und nur als eine vollere Schreibung von  (*a*), der abgeschwächten Aussprache von (*ad*) »Vater«, zu betrachten ist. Vgl. Excurs I und III.

9) *Ên-ki* bedeutet »Herr der Erde«.

10) *Šin* ist incorporirtes Verbalrégime, ebenso *nan*.

11) *Iruvva* (lies *irûva*!) ist Praesens (= وَ + يَعْرُو*, vgl. *idâlû* »er schöpft«), nicht Praeteritum, am allerwenigsten aus *êrubva* (Schrader) entstanden.

12) *Išisi* (*i-šis-si*) ist nicht Schaphel von נסה (Lenormant, ESC. pag. 19), sondern Praesens Ķal von *šasû* »reden«, vgl. S^{c} 316. II R. 29, 17 d, wo in der sumerischen Columne *gu-dê* zu

Die Wurzel *tu* wird, selbst wenn sie causativ gebraucht wird, nicht mit 𒋙 componirt. Daher lesen wir 5) *é kura éláŝú ǵu-mu-nib-tu-tu*[1] = ass. *ana bít ŝadí élli liŝérib* (= لَيْشَغْرِب*) »in das Haus des glänzenden Berges soll er hineinbringen« IV R. 12, 44/45. 6) *é ki nu-ta*[2]*-é ǵé*[2]*-nib-tu-tú-né* = ass. *ana bíti aŝar lá aṣi liŝéribúŝu*[3] »in das Haus, den Ort ohne Ausgang, sollen sie ihn hineinbringen« IV R. 16, 50/51 a. 7) *a-ma-tu* »Sturmfluth« ass. *abúbum*. 𒀀 𒈠 𒌅 ist eigentlich: *ŝa mé ana élippi uŝérabu* »der das Wasser (*a*) in das Schiff (*ma*[4]) eindringen lässt (*tu*)«.

Dagegen giebt es nun aber eine Stelle, wo die Wurzel *tu* »eintreten« mit der Postposition *ŝú* construirt wird, nämlich IV R. 6, 1 a: *é-gal-la-ŝú* (lies *égaláŝu*) *nam-ba-tu-tú-né*[5] »in den Palast sollen sie nicht eindringen«.

Aus den angeführten Beispielen scheint mir klar genug hervorzugehen: 1) dass II R. 13, 40 a. b *éaniŝu bab-tur-é*, nicht *éani ŝu-bab-tur-é* zu verbinden ist; 2) dass *ŝu* an dieser Stelle als Postposition, der Praeposition *ana* in der assyrischen Uebersetzung entsprechend, angesehen werden muss; 3) dass 𒋙 daselbst phonetische Schreibung[6] für 𒋗 ist; 4) dass wir die Postposition 𒋗 in allen Fällen *ŝu* zu lesen haben.

---

ergänzen ist. Neben *iŝisi* finden wir auch die Form *iŝási* z. B. IV R. 3, 36 b. 15, 56 a u. ö. Diese verhält sich zu *iŝisi* wie *ilá'u* (Form *iḳátilu*) zu *ilí'u* oder *ilí'i* (Form *iḳitil*) »er wünscht« (IV R. 16, 26 b. 52, 26 c. 54, 58 a). Vgl. noch *idiḫi* »er kommt heran«, *iŝimú* (= يِشْمَعُوا*) »sie hören«. Wir haben in diesen Formen Beispiele für Epenthese des *i*.

1) *ǵu* ist Precativpraefix, *mu* Verbalpraeformativ, *nib* incorporirtes Verbalrégime.

2) *Ta* ist Bildungselement des *Ta*-stammes, *ǵé* Precativpraefix, vgl. Excurs II.

3) Auch in Zeile 43/44 derselben Columne lesen wir *ǵé-nib-tu-tú-né* = *liŝéribúŝu* (لَيْشَغْرِبُوش*).

4) Dieses sumerische *ma* »Schiff« (nicht *má*!) steckt, wie zuerst Friedrich Delitzsch erkannt hat (siehe Assyr. Lesestt., Schrifttafel No. 81), auch in dem hebräischen מַלָּח »Schiffer« (Ezech. 27, 9. 27. 29. Jon. 1, 5), arab. مَلَّاحٌ, syr. ܡܰܠܳܚܳܐ, ass. *malaḫu* (mit خ). Das hebräisch-aramäisch-arabische *mallâḥ* geht also nicht auf መልሐ:, ملح zurück, sondern ist nur eine volksetymologische Umgestaltung des sumerischen *malaǵ* »der das Schiff (*ma*) in Bewegung setzt (*laḫ*, bez. *laǵ*)«. Wäre das Wort semitischen Ursprungs, so würde es im Assyrischen der Regel nach nicht *malaḫu*, sondern **malú* (= **mala'u*) lauten.

5) Assyrisch müsste dies heissen: *ana êkâlí ai irubúni*.

6) Diese Erscheinung steht nicht vereinzelt da. So wird z. B. IV R. 3, 17 a statt 𒄥 𒄥 𒊒 (vgl II R. 27, 13 a. b, wo 𒄥 𒄥 mit der Glosse 𒆪 𒆪 durch *nagarruru* d. i. nom. act. der Form نَفْعَلُ erklärt wird) phonetisch 𒆪 𒆪 𒊒 geschrieben. Wenn 𒄥 und 𒆪 auch beide *gur* lauteten, so wurden sie doch jedenfalls mit verschiedener Stimmbiegung gesprochen (etwa 𒄥 *gúr* und 𒆪 *gùr*). Da nun aber die abzuschreibenden Tafeln bisweilen dictirt wurden, so konnte es leicht geschehen, dass der Schreiber nicht genau heraushörte, welchen Accent *gur* in dem betreffenden Falle haben sollte, und deshalb statt 𒄥 (*gúr*) 𒆪 (*gùr*) schrieb. Richtiger wäre es vielleicht, diese Erscheinung statt »phonetische Schreibung« vielmehr »Accentverwechselung« zu nennen. Vielleicht klärt diese Entdeckung manche bisher missverstandene Stellen auf. Weitere Beispiele siehe unten.

Man könnte sich veranlasst fühlen, als Beweis für die Richtigkeit der Lesung *ku* die Stelle IV R. 22, 20 b anzuführen; dort entspricht nämlich dem assyrischen *ina rêbiti* »auf die Strasse« im Sumerischen 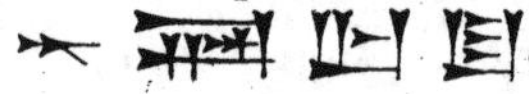, was *sila'damal-lik-ku* gelesen werden kann.

Dagegen erheben sich indess folgende Bedenken. Zunächst ist es unerhört, dass eine sumerische Postposition mit ihrem Nomen durch ein »Dageš forte conjunctivum« verbunden wird; ferner ist es durchaus nicht sicher, ob  hier gerade *lik* zu lesen ist; endlich bleibt, selbst wenn man die Lesung *lik* zugeben wollte, immer noch unklar, wie nach sumerischen Lautgesetzen aus *damal-la-a* -  (IV R. 3, 37 b) *damal-lik*[1]*-ku* werden sollte. Wir werden daher die Lesung *šu* beibehalten, zur Vermeidung von Missverständnissen aber *šú* schreiben.

Ueber **die Wurzel** *kur*, die im Assyrischen meist durch den Stamm *nakâru* »anders, fremd, feindlich sein«[2] wiedergegeben wird, siehe unser Glossar. Ich bemerke hier nur noch, dass Lenormant ohne Grund statt *kur* *qur*, also *ḳur* liest; die emphatischen semitischen Laute hat aber das Sumerische gar nicht[3].

---

1) Den I-vokal könnte man zur Noth durch Hinweis auf II R. 12, 38 a. b *g̔ar-ri-né* = *ana ḫubuli* rechtfertigen, doch ist dies höchst gezwungen; jedenfalls scheinen mir die Gründe, welche ich für die Lesung *šú* angeführt habe, bei weitem stichhaltiger zu sein. In *gar-ri-né* beruht zudem das *i* statt *â* entschieden auf Epenthese des *é*.

2) Vgl. die instructiven Stellen Assyr. Lesestt. S. 71 No. 5, Z. 5—8. II R. 18, 41 a *ki-kur-šú* »an einen andern Ort« u. a. m.

3) Das sumerische Alphabet besteht meiner Ansicht nach überhaupt nur aus folgenden Lauten: *a, i, u*; *â, î, û*; *é*; *b, g, d*; *p, k, t*; *z, s, š*; *l, n, r*; ausserdem *g̔* d. i. der Spirant, der sprachwissenschaftlich gewöhnlich durch γ bezeichnet wird, und *m*, ein Labial, der zwischen dem labialen Nasal und labialen Spiranten die Mitte gehalten haben muss; א, و, خ, ط, ى, ع, ص, ق etc. besitzt das Sumerische nicht. Es wird der Vergleichung halber nicht überflüssig sein, bei dieser Gelegenheit auch den Consonantenbestand des Assyrischen mit anzuführen. Dieser ist folgender: ein fünffaches أ; ب, ج (ڠ), د; ف, ك, ت; ق, ط; ein doppeltes ز, س, je ein dreifaches ص und ش; ل, م, ن, ر; خ; (و, ى). Zu و vgl. *ûšib* (= أَوْشِبُ*) »ich setzte mich«, zu ى *imnu* »rechts«. $أ_1$ zeigt z. B. *abu* »Vater«, $أ_2$ *alâku* »gehen«, $أ_3$ *alibu* »süsse Milch«, $أ_4$ *aḳrabu* »Skorpion«, $أ_5$ *uzâlu* »Gazelle«. Für ز, ص und ش diene die folgende Uebersicht:

ز₁	*uznu*	»Ohr«	እዝን:	أُذُن	אֹזֶן	ܐܶܕ݂ܢܳܐ
ز₂	*irzu*	»Ceder«	አርዝ:	أَرْز	אֶרֶז	ܐܰܪܙܳܐ
ص₁	*ṣupru*	»Klaue«	ጽፍር:	ظُفْر	צִפֹּרֶן	ܛܶܦܪܳܐ
ص₂	*ṣûbu*	»Finger«	አጽባዕት:	إِصْبَع	אֶצְבַּע	ܨܶܒ݂ܥܳܐ
ص₃	*aṣû*	»aufgehen«	ወፅአ:	وَضُؤَ	יָצָא	ܢܦܰܩ
ش₁	*šûru*	»Stier«	ሶር:	ثَوْر	שׁוֹר	ܬܰܘܪܳܐ
ش₂	*karšu*	»Bauch«	ከርሥ:	كَرِش	כְּרֵשׂ	ܟܰܪܣܳܐ
ش₃	*lišânu*	»Zunge«	ልሳን:	لِسَان	לָשׁוֹן	ܠܶܫܳܢܳܐ

Strenges Festhalten an diesen klaren, durchgehenden Lautgesetzen und Zurückweisen jedwedes spora-

Dass sum. *u*, ass. ***ûmu*** d. i. يوم[1] »**Tag**« bedeutet, lehrt S^b 81. Der Lautwerth *u* wird ausserdem durch S^a 2, 10 ausdrücklich bezeugt. Diese Aussprache ist indess zweifellos nicht die ursprüngliche: »Tag« hiess vielmehr im Sumerischen eigentlich *ud*, bez. mit Verlängerungsvocal *uda*, geschrieben *ud* + *da*. Wir finden diese Form z. B. Sm. 954 Obv. 15/16, wo *ud-da* durch ass. *ûmu* wiedergegeben wird; ebenso entspricht IV R. 28, 5/6 a dem assyrischen *ina ûmi annî* »an diesem Tage« (vgl. ܝܘܡܢܐ) im Sumerischen *ud-da né-é*. Es zeigt sich hier also Abfall eines auslautenden Consonanten, eine Erscheinung, die im Sumerischen öfter zu constatiren ist. Einige hierher gehörige Beispiele haben schon A. H. Sayce und Fr. Lenormant hervorgehoben, ich werde in Excurs I die mir bekannten Fälle anführen.

Bei dem zweiten Theil der Ueberschrift *u-namé-šú* »für irgend einen Tag« erübrigen nur einige Worte über ***namê.*** Dieses Wort ist ein Pronomen indefinitum und bedeutet »irgend einer«, ass. *manman*. Wir sehen dies deutlich IV R. 3, 27/28 a: *saga-gig imi-dugud-dugud-da-dim ara*[2]*-bi lu namé nun-zu*[3] »die Raserei ist wie ein

dischen Lautwandels ist der erste Schritt zur Besserung der traurigen Verhältnisse, in denen sich die semitische Sprachwissenschaft befindet.

1) Der Diphthong *au* wird im Assyrischen stets zu *û* monophthongisirt: قول wird *ḳûlu*, موت *mûtu*, ثور *šûru*; aus أوضى* »ich ging heraus« wird *ûṣi*, aus أوشب* »ich setzte mich« *ûšibu*, aus يوبل* »er brachte« *ûbila*. Ebenso erscheint *ai* als *î*, z. B. *bîtum* »Haus«, *înum* »Auge«, *îši* (= أيشى*) »ich hatte«, *îdi* (= أيدع*) »ich wusste«. Beiläufig bemerkt, ist die Lesung *jûmu* (Lenormant, Oppert, Schrader) statt *ûmu* durchaus unberechtigt; anlautendes *j* geht vor *u* und *é* im Assyrischen lautgesetzlich in den Spiritus lenis über: aus يقتل wird *ukattilu*, aus **juštaḳtilu uštaḳtilu*, aus **jûridu* »er stieg hinab« *ûridu*, aus **jûṣûni* (= **jauṣi'ûni*) »sie kamen hervor« *ûṣûni*; ebenso wird aus *jékulu* (= *jâkulu*) »er ass« *ékulu*, aus **jérubûni* (= **jârubûni* = يغربون) »sie traten ein« *érubûni*. Die Sylbe *ja* dagegen wird regelmässig zu *i* geschwächt, z. B. *immu* »Tag« = **jammu*, syr. ܝܘܡܐ, *imnu* »rechts« = **jamnu*, *imittu* »rechte Seite« = **jamintu*, *išaru* »grade« = **jašaru*, *išû* »haben« = **jašá'u* (Stamm ישה!), *idu* »Hand« = يد, *iḳtulu* = يقتل, *iḳtátilu* = يقتتل, *ikḳatilu* = ينقتل. Auch die Praesensformen *tîši* »du hast«, *tîdi* »du weist«, *idû* »sie wissen«, *ša idû* »was ich weiss« sind aus تيشى*, تيدع*, ييدعوا*, أيدع* hervorgegangen.

2) Die Lesung *ara* für ergiebt sich aus II R. 48, 16 g. h. Dort steht (*a-ra*) = ... *lak*..., was offenbar zu [*a*]-*lak*-[*tam*] zu ergänzen ist. Dass diese Ergänzung richtig ist, wird dadurch bestätigt, dass auf [*a*]-*lak*-[*tam*] »Gang, Weg« das bekannte Wort *šiprum* »Sendung« folgt; dass aber *šiprum* hier wie überall »Sendung, Botschaft« bedeutet, geht daraus hervor, dass ihm in der sumerischen Columne das Wort *kimmu*, geschrieben , entspricht, welches an mehreren Stellen des zweiten und vierten Bandes (II R. 26, 7 a. b. IV R. 5, 52/54 a. 40/41 b. 19, 56/57 b) durch *ṭêmu* (= **ṭâmu* = طعم*, vgl. טעם) »Botschaft, Nachricht« übersetzt wird. *Ara* = *alaktu* lesen wir auch in dem sumerisch-assyrischen Wörterbuche II R. 31 No. 2, 31 c. d, wo ... ohne Zweifel zu zu ergänzen ist.

3) Eigentlich: Kopf + Krankheit + Sturmwind + gewaltig + gewaltig + gleichwie (*dim*) + Weg + sein + Mensch + irgend einer + nicht + wissen.

gewaltiger Sturmwind, dessen Weg irgend ein Mensch nicht kennt«, ass. *alaktašu manmá ul ídi* (= يبدع*)[1]. Andere Stellen siehe im Glossar.

Wir verlassen nun die Ueberschrift und gehen über zum ersten Gesetze.

Erstes Gesetz.

1. 

Tukundi *du* *ad - dâ - na - ra*
Wenn ein Kind zu seinem Vater

2. 

ad - dâ - mu *nu - mê - a*
»mein Vater (du) nicht sein«

3. 

ba - an - na - an - gu
es zu ihm sagt,

4. 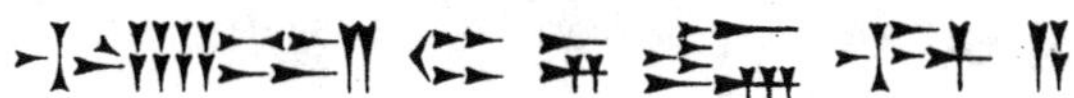

dubbin - mi - ni - in - ša - a
(so) scheert er es,

5. 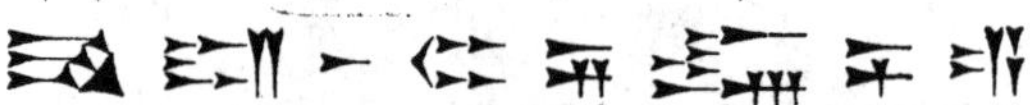

gar - râ - ru mi - ni - in - du - ê,
zur Feldarbeit bestimmt er es

6. 

ša azag - gâ - ru mi - ni - in - si.
und für Silber giebt er es hin.

Erste Zeile.

Tukundi du adánara »wenn ein Kind zu seinem Vater«.

I. ***Tukundi*** »**wenn**«. *Tukundi* wird geschrieben 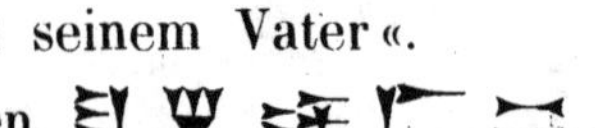. Da das mit diesem Ideogramm zweifellos identische, nur kürzere  in dem sumerisch-assyrischen Wörterbuche II R. 7, 20 a. b durch *šumma* »wenn« übersetzt wird, so ist die Bedeutung vollkommen klar und es handelt sich nur noch um die Aussprache. Die Lesung *tukundi* beruht auf der Glosse zu II R. 20, 13 a, welche ausdrücklich angiebt, dass 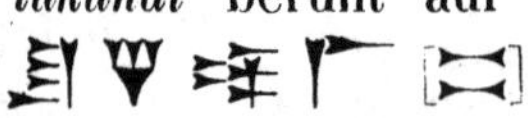[2] im Sumerischen 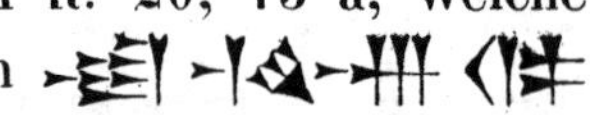

---

1) Dass ich durchgehends يبدع, nicht ودع, als Stamm ansetze, wird überraschen; ich werde jedoch an einer andern Stelle überzeugend nachweisen, dass *idû*, የደዐ:, יָדַע, ܝܕܥ ein Stamm cum י originario ist, der mit dem arab. ودع gar nichts zu thun hat. Man hätte dies schon längst aus dem Aethiopischen lernen können!

2) Das Zeichen ist jedenfalls nur durch den Bruch in der Tafel verloren gegangen.

d. i. *tu-kun-di* zu sprechen sei. Das Ideogramm wird aber an dieser Stelle nicht durch *šumma* »wenn« übersetzt, sondern durch *za-mar*[1]. Was ist nun dieses *zamar*? Im Aethiopischen bedeutet das Verbum ዘመረ፡ im Steigerungsstamm unter anderm »sancte pronuntiavit«, im Causativstamm አዘመረ፡ »publice praedicavit«; *zamar* könnte demnach sehr wohl, wie Fr. Lenormant und A. H. Sayce übersetzen, »Edict, Gesetz« bedeuten. Um so wahrscheinlicher wird dies, da in dem Wörterbuche auf *zamar* der Stamm *ṣaráḫu* »hell, laut rufen« folgt[2]. Wenn *tukundi* aber »Gesetz« bedeuten kann, so folgt daraus noch nicht, dass es hier in den Familiengesetzen diesen Sinn haben muss. Im Gegentheil bin ich fest überzeugt, dass es an unsrer Stelle mit »wenn« zu übersetzen ist. Die Gründe, welche mich dazu bestimmen, lassen sich hier noch nicht erörtern; ich werde bei der Erklärung des dritten Gesetzes darauf zurückkommen. Der Sinn des Textes wird ja übrigens, mag man *tukundi* als »Gesetz« oder als »gesetzt« auffassen, in keiner Weise geändert.

II. *du* »**Kind**«. Dass »Kind« nach S^b 305 im Sumerischen *du* zu lesen ist, habe ich schon erwähnt. Die ursprüngliche Form dieses Wortes ist indess nicht *du*, sondern, wie schon Lenormant richtig ansetzt, *dum*. Im Assyrischen entspricht *mârum* »Kind«. Das »männliche Kind«, der »Sohn« heisst dagegen gemäss S^b 307 im Sumerischen *ibila*, geschrieben (*du* + *nitaġ* d. i. eigentlich »Kind + Mann«), im Assyrischen *ablu*, hebr. הֶבֶל[3]. Zu *du* »Kind«, *ibila* »Sohn« vergleiche weiter IV R. 1, 5/6 c: *du aš-a-meš*, *ibila aš-a-meš* d. i. ass. *mârû gitmalûtum*[4], *ablû*[5] *gitmalûtum šunu* »vollkommne Kinder, vollkommne Söhne sind sie«; ferner das Paradigma II R. 9, 58 ff. c. d: *nam-du* = *mârûtu* »Kindschaft«, *nam-ibila* = *ablûtu* »Sohnschaft«; endlich II R. 33, 6. 7 e. f: *nam-du-a-ni-šú* = *ana mârûtišu* »zu seiner Kindschaft«, *nam-ibila-a-ni-šú* = *ana ablûtišu* »zu seiner Sohnschaft«, u. v. a.

---

1) An und für sich könnten die Keilschriftzeichen sowohl *zamar* als *ṣamar* gelesen werden, wenn nicht das vorausgehende, das nur *zumru*, nicht *ṣumru* gelesen werden kann, den Zischlaut näher fixirte.

2) Dass *ṣaráḫu* im Assyrischen ebenso wie in den verwandten Sprachen (ጸርኀ፡, صرخ, צָרַח) »laut rufen« bedeutet, ergiebt sich, ganz abgesehen von den zusammenhängenden Texten, schon daraus, dass dasselbe Ideogramm, welches hier durch das Participium *ṣârihu* (= arab. صَارِخ) erklärt wird, an andern Stellen des II. Bandes, wie 7, 45 g. h. 25, 70 a. b, bez. 32, 17 e. f, durch *munabbû* (geschrieben *mu-nam-bu-u* = **munabbi'u* Form مُفَعِّل von נבא, welches im Assyrischen »nennen, rufen« bedeutet) übersetzt wird.

3) Dass das sum. *ibila* nicht etwa als ein assyrisches Lehnwort zu betrachten sei, sondern umgekehrt das aus dem Semitischen an sich nicht befriedigend zu erklärende ass. *ablu* (d. i. hebr. הֶבֶל) als ein sumerisches Lehnwort, wurde schon oben S. 9 bemerkt.

4) *Gitmalum* ist die im Assyrischen sehr gewöhnliche Form فتعل; noch häufiger findet sich die Form فتعل, niemals aber فتعل.

5) In *mârû* und *ablû* haben wir unzweifelhaft Pluralformen auf *û*; möglich, dass wir auch noch einmal den volleren Formen wie **mârûni* begegnen. Da diese Pluralformen bisher noch nicht beachtet worden sind, will ich hier einige sichere Beispiele anführen: IV R. 1, 19 a *ûmû* (يومو) *rabbûtum*; IV R. 2, 40 b *ul zikarû* (var. *zikrû*) *šunu*, *ul zinnišâti šunu* »weder männlich sind sie,

III. *adânara* »**zu seinem Vater**«. Dass in der Aussprache *ad*, desgleichen d. i. *ad* + *da* »Vater« bedeutet, bedarf keines Beweises[1]. Dieses *ad-da* ist nun aber nicht *adda*, sondern *ada* zu lesen; in *ad* + *da* ist nämlich an die consonantisch auslautende Wurzelform *ad* in Wirklichkeit nur der Verlängerungsvocal *a* angetreten, die Verdopplung des auslautenden Consonanten dagegen ist entschieden nur graphisch. Dies wird durch mehrere Glossen des II. Bandes über allen Zweifel erhoben. So lehrt die Glosse II R. 56, 36 c ausdrücklich, dass (*bar* + *ra*) *bara* zu lesen ist; II R. 39, 14 g befiehlt (*sil* + *la*) *sila* zu lesen; II R. 39, 17 e zeigt, dass (*babbar* + *ra*) *babbara* gesprochen wurde. Wenn nun der in der Schrift wiederholte auslautende Consonant in Wirklichkeit nicht als verdoppelt behandelt wurde, so bleibt zwischen *ad* und *ad* + *da* (lies *ada*) kein andrer Unterschied als der, dass *ad* consonantisch auslautet, in *ad* + *da* dagegen noch ein *a* angefügt ist; *ad* + *da* verhält sich demnach zu *ad*, wie *êa* »Haus« zu *ê*, *kia* »Erde« zu *ki*, *abzua* »Ocean« zu *abzu*[2].

---

noch weiblich sind sie«; IV R. 13, 55 a *ilâni talimûka ḳatîšunu limsû, ḳatîšunu lubbibû* (= **lûḫu-'abbibû*) »die Götter, deine Brüder, mögen ihre Hände waschen, mögen ihre Hände reinigen«; IV R. 5, 4 a *šê-ê-dû* = hebr. שֵׁדִים; IV R. 27, 22/23 b *ûmû rabûtum*, *utukkû limnûtum ṣâ'idû šunu* (sum. *u galgalâmêš*, *utuk ǵul niginâmêš*). Vgl. ferner das in den Tafelunterschriften so häufig vorkommende *mâla bašmû* (Var. *bašmî*, bez. — *mê*) und die im IV. Bande öfter wiederkehrende Wendung *guzalû ša ilâni šunu* »die Thronträger der Götter sind sie«.

1) S[b] 93 giebt an, dass »Vater« im Sumerischen d. i. *a* + *ad* zu sprechen sei. Lenormant glaubt, wenn ich ihn recht verstehe, dass durch diese Doppelschreibung des Vokals die Länge desselben angedeutet werden solle; er liest z. B. »machen«, welches nach S[b] 293 im Sumerischen d. i. *a* + *ag* zu lesen ist, *âk*. Delitzsch (Anmm. z. Schriftt. No. 303) liest dagegen *i-id hid*, müsste demnach consequenter Weise auch statt *ad* »Vater« *had* schreiben. Nach meiner Ansicht ist jedoch die Vorausnahme des Vokals bei Schreibungen wie *a-ad*, *a-ag*, *i-id*, *i-ig*, *u-uz* u. s. w. nur ein phonetisches Complement. Wenn der Schreiber andeuten will, dass nicht *gal*, sondern *ig* gelesen werden soll, so schreibt er - *ga* oder *i* - , ebenso, wenn er verhüten will, dass (*ši*) *lim* gelesen wird, - *i*. Auch hier wird der Vokal durch Hinzufügung dieses phonetischen Complementes durchaus nicht als lang bezeichnet. Wäre dies wirklich der Fall, so würde es im Sumerischen und Assyrischen überhaupt keine Sylben *ba*, *bi*, *bu*, sondern nur *bâ*, *bî*, *bû* geben; allen vocalisch auslautenden Sylbenzeichen wird ja in S[a] zur Präcisirung der Aussprache der auslautende Vokal noch einmal als phonetisches Complement hinzugefügt und demgemäss durch *bi-i*, durch *sa-a*, durch *bu-u* erklärt; ist aber der Vokal in diesen und andern Sylbenzeichen etwa immer lang? Vgl. S[a] I, 9. 11. 13. 17. 20. 31. II, 31. 39. III, 19. 20. 24 u. s. w. Zu *a-ad* vgl. S[a] V, 4. S[b] 293. S[b] 2, 4; S[c] 3 col. II, 13—16. II R. 56, 26 c.

2) Warum die Schreiber statt *ad-a*, *sag-a* lieber *ad* + *da*, *sag* + *ga* schrieben, scheint mir klar zu sein: es sollte durch diese Wiederholung des auslautenden Consonanten das Lesen erleichtert werden. Das Zeichen kann z. B. *ag*, *kal*, *guruš*, *lab*, *dan* u. s. w. gelesen werden. Alle diese Wörter können aber auch ohne Unterschied der Bedeutung in der Form *aga*, *kala*, *guruša*, *laba*, *dana* erscheinen. Hätte man nun einfach - *a* geschrieben, so wäre daraus nicht zu ersehen gewesen, welche Lesung in jedem Falle gemeint war. Ich glaube deshalb, dass zur Fixirung der Lesung der Auslaut des in Aussicht genommenen Lautwerthes doppelt geschrieben wurde, dass man also - *a*, wenn es *aga* gesprochen werden sollte, - *ga* schrieb, ebenso - *la* für *kala*, - *ša* für *guruša*, - *ba* für *laba*, - *na* für *dana*. Dieses graphische Hülfsmittel war bei der Polyphonie der Keilschriftzeichen sehr nothwendig.

Dieser »Verlängerungsvocal« kann an jede sumerische Wurzel, gleichviel ob sie als Nomen oder als Verbum gebraucht wird, antreten, ohne dass dadurch die Bedeutung des betreffenden Wortes irgendwie modificirt würde[1]. Man sagt ohne Unterschied *azag* und *azag* + *ga* (lies *azaga*) »glänzend«, *él* und *él* + *la* (lies *éla*) »rein«, ebenso *ǵén azag* und *ǵén-azaga* »er möge glänzen«, *ǵén-él* und *ǵén-éla* »er möge rein werden«. Häufig richtet sich dieser Vocal nach dem Gesetz der Vocalharmonie, so dass wir neben *il-a*, *ur-a*, *ér-a* auch die Formen *ili*, *uru*, *éri* finden[2].

An dieses *ad* + *da*, welches nach dem Gesagten ebenso wie *ad* »Vater« bedeutet, ist nun weiter *na* getreten: *ad* + *da* + *na*. Dieses *na* ist d a s S u f f i x d e r d r i t t e n P e r s o n oder vielmehr e i n e Form desselben; es erscheint nämlich im Sumerischen neben *na* auch die Form *ni*, die wir schon oben kennen lernten, ausserdem *ba* und *bi*, was auch bereits erwähnt wurde, und endlich *bu*. Dass *na* Suffix der dritten Person ist, lehren unter andern folgende Stellen:

1) *dingira* »Gott«, aber *dingirana* »sein Gott« ass. *îlišu* IV R. 3, 5/6 a und passim. 2) *saga* »Haupt« ass. *ḳaḳḳadu* oder *rêšu*, aber *sagana* »sein Haupt« ass. *ḳaḳḳâšu* bez. *ḳaḳḳadišu* oder *rêšišu* IV R. 15, 18/19. 47/48 b. 22, 16/17. 21/22 b. 3) *šaga* »Herz« ass. *libbu*, aber *šagana*[3] »sein Herz« ass. *libbišu* IV R. 14 No. 1 Obv. 11/12. 4) *šura* »mächtig« ass. *izzu*, aber *šurana* = ass. *ina ézizišu*[4] IV R. 28, 11/12 b. 5) *du* »Kind« ass. *mârum*, aber *duna* »sein Kind« ass. *mârašu* IV R. 15, 64/65 a. 6) *dam* »Weib« ass. *aššatum*[6], aber *dam-na* »sein Weib« ass. *aššatišu*. Vgl. ferner *šuna* »seine Hand« ass. *ḳatišu* IV R. 15, 20/21 b, *suna* »sein Leib« ass. *zumrišu* IV R. 18, 42/44 a, *muǵna*[7] »auf ihn« ass. *élišu* IV R. 7, 3/4. 5/6 a und öfter.

Ad + *da* + *na* ist nun aber nicht nur *adana*, sondern *adâna*, was plene *ad* + *da* + *a* + *na* geschrieben werden müsste, zu lesen. Dies hat man bisher, obwohl eine grosse Anzahl von Stellen die Richtigkeit dieser Behauptung ausser Zweifel stellt, noch nicht erkannt. Zufällig kommt gerade *adâna* in der Schreibung *ad* + *da* + *a* + *na* im II. und IV. Bande, soviel ich mich erinnere, nicht vor, wohl

---

1) Wenn II R. 39, 14 e. f *babbar* zufällig durch *aṣû* (= **vaṣ₂á'u*) »aufgehen«, *babbara* dagegen drei Zeilen weiter durch *ṣit šamši* »Aufgang der Sonne« wiedergegeben wird, so beweist dies noch lange nicht, dass der Verlängerungsvocal »determinirende und individualisirende« Kraft hat.

2) Siehe II R. 26, 43. 45 c. 32, 59 a. 3 g. 34, 71 g. 39, 65 a. Vgl. ausserdem S^a II, 19. 20. S^a 3, 9. 10. 11 u. a.

3) Wer  *ad* + *da* transcribirt, müsste auch  nicht *ša-ga-na*, sondern *šag-ga-na* lesen. »Herz« heisst im Sumerischen ursprünglich *šag*; siehe Excurs I.

4) In Zeile 15/16 entspricht dem ass. *ana ézizišu* im Sumerischen *šur-ra-bi-ta*, mit einem Suffix des *B* stammes statt *na*.

5) Das sum. *dam* bezeichnet sowohl die Ehefrau als den Ehemann, ass. *mutu* (äth. ምት፡).

6) Das ass. *aššatum* geht natürlich ebenso wie אִשָּׁה und ܐܢ̈ܬܬܐ auf ein ursemitisches **anš₁atum* zurück; zu demselben Stamme gehört auch አንስት፡ und أُنْثَى. Scharf davon zu trennen ist dagegen אֱנוֹשׁ, אֲנָשִׁים u. s. w.; dieser Stamm hat offenbar nicht *š₁*, sondern *š₂*. Die Zusammenstellung von אִישׁ und אִשָּׁה (Gen. 2, 23) ist daher sprachwissenschaftlich durchaus unberechtigt.

7) Dass das Sumerische P r a e p o s i t i o n e n besitzt, ist eine Thatsache, die sich trotz aller Bemühungen nicht wegdeclamiren lässt.

aber finden wir *ad* + *da* + *a* + *ni* (lies *adâni*) in derselben Bedeutung; z. B. 1) IV R. 27, 12/13 b: *du é-ad-da-a-ni-ta* (*é* + *adâni* + *ta*) *ba-ra-é-ne* »das Kind aus (*ta*) dem Hause (*é*) seines Vaters sie führen heraus« ass. *mâra ina bît abišu ušêṣú* (= **jušêṣa'ú*). 2) II R. 9, 30 c. d: *ad-da-a-ni* (*adâni*) *ša* 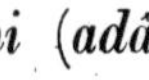 *-a-ni nu-un-zu-a* (*nun-zua*) »seinen Vater und seine Mutter kannte er nicht« ass. *ša abašu ummašu lá ídú* (= يَيْدَعْ*). — Vgl. ferner: 3) *dingir-ra-a-ni* (*dingirâni*) = *ílišu* »sein Gott« IV R. 27, 42/43 b. 4) *šag-ga-a-ni* (*šagâni*) = *libbišu* »sein Herz« II R. 10, 4 c. d. 5) *sag-ga-a-ni-šú* (*sagânišú*) = *ana ḳaḳḳadišu* »zu seinem Haupte« IV R. 2, 11/12 a. 6) *lu bi tur-ra-a-ni*[1] (*turâni*) = *ša améli šuatum murussu* (= مُرْضُشْ*) »die Krankheit dieses Menschen« IV R. 29, 49/50 c. 7) *lu tur-ra gig-ga-a-ni* (*tura gigâni*) = *ša marṣi murussu* »die Krankheit des Kranken« IV R. 29, 19/20 b. 8) *gin-na-a-ni-ta* (*ginânita*) = *ina alakišu* »bei seinem Gehen« IV R. 26, 5 b. 9) *nam-ag-ga-a-ni* (*nam-agâni*) = *dannútišu* »seine Macht« IV R. 12, 46/47. II R. 33, 14 e. f. 10) *kalam-ma-a-ni* (*kalamâni*) = *mâtsu* »sein Land« IV R. 12, 19/20. 11) *nam-ab-ba-a-ni-šú* (*nam-abâni-šú*) = *ana šibútišu* »zu seiner Grossvaterschaft« II R. 33, 10 e. f. 12) *šar-ra-a-na* »seine Schaar« bez. »ihre Schaaren« IV R. 29, 41 a[2]. 13) *ga uz*[3] *siba šu azag-ga-a-ni-ta mu-un-na-an-sim-mu* (*azagânita mun-nan-simu*) »Milch der Ziege der Hirt mit seiner reinen Hand er dir geben soll« IV R. 28, 50 a. 14) *šu él-la-a-ni-ta mu-un-ku-é* (*élânita mun-kué*) »mit seinen reinen Händen soll er zu essen geben« ass. *ina ḳatâšu éllâti lišâkil*[4] IV R. 28, 54/55 a.

Aus diesen Stellen, die sich leicht auf die doppelte Anzahl bringen liessen, ergiebt sich mit Gewissheit, dass *ad-da-na*, *sag-ga-ni*, *gin-na-ni* u. s. w. nur defective Schreibungen für *ad-da-a-na*, *sag-ga-a-ni*, *gin-na-a-ni* sind. Allem Anschein nach erhielt der Verlängerungsvocal, sobald ein Suffix angefügt wurde, den Ton und wurde deshalb gedehnt. Da die sumerische Schrift indess sehr unvollkommen ist, wird dieser lautliche Vorgang nur selten graphisch zum Ausdruck gebracht. Man findet daher für *sag-ga-a-ni* (*sagâni*) »sein Haupt« auch folgende Schreibungen:

a) *sag-ga-ni*, was, wie schon bemerkt wurde, sicher *sag-gá-ni* zu lesen ist, vgl. IV R. 2, 11 a.

b) *sag-a-ni*. Richtiger wäre es, *saga-a-ni* zu transcribiren;  kann ja sowohl *sag* als (mit Verlängerungsvocal) *saga* gelesen werden, ebenso  »Himmel«

---

1) Wörtlich: »Mensch + dieser + Krankheit + sein«.

2) Es steht dort: *ana-ki šar-ra-a-na*, was die assyrische Uebersetzung durch *kiššât šamê u irṣitim* wiedergiebt. Eigentlich ist *anaki* (copul. Compos.) *šarâna*: »Himmel + Erde + Schaar + sein«; vgl. No. 6 u. 7.

3) Siehe S^b 286. Im Assyrischen heisst »die Ziege« *ênzu*, was sich zu عَنْز verhält wie *êḳlu* bez. *iḳlu* »Feld« zu حَقْل, *êrš₂u* bez. *irš₂u* »Bett« zu عَرْش, *êlî* »über« zu عَلَى, *êparu* »Staub« zu عَفَر. Ebenso wird aus **ḥabru* »Freund« im Assyrischen *êbru* bez. *ibru*, aus غَرُبْ* »steig ein« *êrub*, aus أَرْضَةٌ* »Erde« **êrṣ₃atum* bez. *irṣitum*.

4) *Lišâkil* ist = **li-uš₃âkil* und dies = لِيُشَأْكِل*.

sowohl *an* als auch *ana*,  sowohl *il* als auch *ili* u. a. m. Das *a* in *sag-a-ni* ist also nicht der Verlängerungsvocal selbst, sondern nur das Zeichen dafür, dass dieser gedehnt ist. Zu dieser Schreibung vergleiche: *dingir-a-ni* »sein Gott« ass. *ilušu* IV R. 7, 11 a; *dam-a-ni* »sein Weib« ass. *aššatsu* IV R. 14 No. 1 Obv. 17; *lug̃-a-ni* »sein Diener« ass. *sukkallišu* IV R. 5, 36/37 b; *ad-a-ni* »sein Vater« II R. 10, 15 c; *mé-lam-a-ni* »sein Glanz« II R. 19, 23 b. Dass diese Formen *dingirâni*, *damâni*, *lug̃âni*, *adâni*, *mélamâni* zu lesen sind, lehrt unter anderm die Vergleichung von IV R. 26, 2/3 b *gin-a-ni-ta* = ass. *ina alakišu* »bei seinem Gehen« mit Zeile 5 b, wo dem ass. *ina alakišu* sum. *gin-na-a-ni-ta* entspricht.

c) Endlich begnügt sich der Schreiber in manchen Fällen nur mit einer leichten Andeutuug der grammatischen Form, so dass er statt *sagâni* einfach *sag* + *ni* schreibt. So steht z. B. IV R. 7, 17 a für *adâni* »sein Vater« *ad* + *ni*. Diese Schreibung verhält sich zu *ad-da-ni*, wie *ad-a-ni* zu *ad-da-a-ni*.

Da man nicht einsieht, warum diese Dehnung nur vor dem Suffix der dritten Person eintreten sollte, wird man berechtigt sein, auch vor andern Suffixen den Verlängerungsvocal als lang anzusetzen, also statt *ad-da-mu* »mein Vater«, *šéša-zu* »dein Bruder«, *dama-mu* »mein Gatte«, *alam* + *bi* »sein Bild« *adâmu*, *šéšâzu*, *damâmu*, *alamâbi* zu lesen. Dies wird um so wahrscheinlicher, als wir IV R. 3, 37 b die Schreibung *damal-la-a-šú* finden. Hier ist also vor einer Postposition dieselbe Dehnung eingetreten. Ja sogar vor der Verbalform *méš* »sie sind« wird der Verlängerungsvocal des vorausgehenden Wortes gedehnt: »Böses thuend sind sie« heisst nicht nur *g̃ul dim-ma méš*, sondern auch *g̃ul dim-ma-a-méš*, was gewiss *g̃ul dimâméš* zu lesen ist[1].

Man wird demzufolge berechtigt sein als Regel aufzustellen, dass jede sumerische Wurzel, sobald ein Suffix, gleichviel ob Pronominalsuffix, Postposition oder Verbalbildungselement, antritt, den Verlängerungsvocal, der dann den Ton erhält und deshalb gedehnt wird, annehmen muss. Es lässt sich das vorläufig noch nicht mit absoluter Sicherheit feststellen, aber es ist entschieden eine Hypothese, die sehr viel Wahrscheinlichkeit für sich hat.

Bevor wir zur nächsten Zeile übergehen, haben wir noch einige Worte über **die Postposition *ra*** hinzuzufügen. Dass *ra*, geschrieben , eine Postposition ist, der im Assyrischen gewöhnlich die Präposition *ana* »zu, für« entspricht, lehren folgende Stellen:

1) *lu lu-ra* = ass. *amêlu ana amêli* »ein Mensch zu einem Menschen« II R. 15, 43 a. b; *lu-ra* = *ana amêli* finden wir auch II R. 19, 7/8 b. IV R. 3, 48/49 b. 7, 1/2. 19/20 a. 29, 15/16 c. 2) *lug̃âni Nuzku-ra* = ass. *ana sukkallišu Nuzku* »zu seinem Diener Nuzku« IV R. 5, 36/37 b. 3) *adâni*[2] *Ên-ki-ra* oder *âni Ên-ki-ra* = ass. *ana abišu Êa* »zu seinem Vater Hêa« IV R. 7, 17/18 a. 15, 55/56 a. 22, 49/50 a.

1) Siehe IV R. 1, 65 b. Vgl. ferner IV R. 1, 9/10 c: *guzalal Ninkigala-a-méš* = ass. *guzalû ša Allati šunu* »die Thronträger der Ninkigal, bez. Allatu, sind sie«; IV R. 2, 17 c. 5, 27 a. 15, 19—39 a. 27, 22 b und viele andere Stellen.

2) Geschrieben  *ad* + *ni*.

4) *gu-lu-ra* = ass. *ana kišâd*[1] [*améli*] »auf den Nacken des Menschen« IV R. 29, 5/6 c. 5) *a-a-mu Sin*[2]*-na-ra* (lies *âmu Sinâra*) = ass. *ana abî'a Sin* »zu meinem Vater Sin« Sm. 954 Obv. 25/26. 6) *lugal-la-ra* (*lugalâra*) *nam-ba*-𒋼 𒂵 (-*é*)-*né* »zu dem König sollen sie nicht herankommen« ass. *ana šarri ai idḫûni* IV R. 5, 74/75 c. 6, 2 a. — Das auslautende *a* von *ra* fällt bisweilen ab: so finden wir neben *ânira* auch 7) *ânir* (geschrieben *a-a-ni-ir*) = ass. *ana abišu* »zu seinem Vater« IV R. 3, 46/47 b. Vgl. ferner: 8) *ninânir* (geschrieben *nin-a-ni-ir*) »für seine Herrin« IV R. 38 No. 3, 3. 9) *lugalânir* »für seinen König« IV R. 38 No. 2, 5. Diese verkürzte Nebenform ist besonders deshalb wichtig, weil sie die Lesung der Postposition 𒊏 als *ra* sicher stellt. Denn hätten wir nicht neben *ânira* zugleich *a-a-ni-ir*, was nur *ânir* gelesen werden kann, so würde es durchaus nicht über allen Zweifel erhaben sein, ob 𒊏 in dieser Function wirklich wie gewöhnlich *ra* zu lesen sei.

Zweite Zeile.

adâmu numéa »mein Vater (du) nicht sein«.

IV. ***adâmu*** **»mein Vater«**. Zu den schon auf den vorhergehenden Seiten gelegentlich erwähnten Beispielen für *mu* als Suffix der ersten Person füge ich hier weiter hinzu: 1) *â* »Vater« II R. 32, 59 c. IV R. 9 a und passim, dagegen *â-mu* »mein Vater« ass. *abî'a* Sm. 954 Obv. 25/26 oder *abî* IV R. 3, 48/49 b. 7, 19/20 a. 15, 57/58 a. 22, 51/52 a. 2) *šéš* »Bruder« ass. *aḫu* S^b 279, dagegen *šéšâ-mu* »mein Bruder« ass. *aḫî'a* Sm. 954 Obv. 27/28. 3) *du* »Kind« ass. *mâru*, dagegen *du-mu* »mein Kind« ass. *mârî'a* oder *mârî* passim. 4) *é* »Haus« ass. *bîtu* S^b 232 und passim, dagegen *é-mu* »mein Haus« ass. *bîtî'a* IV R. 1, 55/56 c. 5) *luǵ* »Diener« ass. *sukkallu* S^b 77. IV R. 14 No. 3, 1/2, dagegen *luǵâ-mu* »mein Diener« ass. *sukkalli* IV R. 5, 38/39 b. 6) *ka* »Mund« ass. *pû* S^b 1 Obv. 25. II R. 17, 32 a. b. 27, 7 e. f. IV R. 14 No. 2 Obv. 7/8, dagegen *ka-mu* »mein Mund« ass. *pî'a* II R. 8, 29. 31 a. b. 7) *dug* »Knie« ass. *birku* S^c 22, dagegen *dugâ-mu* »meine Kniee« ass. *birkâ'a* II R. 16, 30 b. c. 8) *šu*[3] »Hand« ass. *ḳatum* passim, dagegen *šu-mu* »meine Hand« ass. *ḳatî'a* II R. 19, 47/48 b, bez. *ḳatâ'a* IV R. 23, 15/16 a. 9) *gubu* »links« ass. *šumélu* (= **šumâlu* = **$š_2$uma'lu*) S^b 274, dagegen *gubu-mu* »meine Linke« ass. *šumélî'a* II R. 19, 55/56 b. 10) *mé* »Schlacht« ass. *taḫazu* S^b 294, dagegen *mé-mu* »meine Schlacht« ass. *taḫazî'a* IV R. 13, 38/39 a. 11) *ki-ku* »Wohnsitz« ass. *gullatum* (גלל) II R. 49, 35 a. b oder *šubtum* IV R. 5, 48/50.

---

1) Durch das ass. *kišâdu* »Hals, Nacken« werden die allen Lautgesetzen Hohn sprechenden Combinationen des genau entsprechenden äthiopischen ክሳድ፡ mit صِرْم und قِسْوَدٌّ hinfällig.

2) So ist das Ideogramm 𒂗𒍪 nach Delitzsch zu lesen.

3) Lenormant (ESC. pag. 311) hat versprochen, in einer demnächst erscheinenden Arbeit nachzuweisen, dass 𒋗 »Hand« im Sumerischen nicht *šu*, sondern *qat*, woraus dann das ass. *ḳatum*, aram. קַתָּא »Handhabe« entstanden sei, gelesen wurde. Auch ich glaube, dass *ḳatum* sumerischen Ursprungs ist; doch bin ich nicht minder fest überzeugt, dass auch die Lesung *šu* richtig ist; 𒋗 kann ja sehr wohl *šu* und *qat* bez. *gad* gelesen worden sein, ebenso wie z. B. 𒈛 »Diener« nach S^b 77 im Sumerischen sowohl *luǵ* als *šukkal* gesprochen wurde.

76/78 a. 22/23 b. 9, 24/25 a und öfter, dagegen *ki-ku-a-mu* »mein Wohnsitz« ass. *šubtí'a* IV R. 1, 59/60 c. 12) *dim-mé-ir*[1] (*dimmér*) »Gott« ass. *ílum* IV R. 10, 3/4. 7/8 a und öfter, dagegen *dim-mé-ir-mu* (*dimmérámu*) »mein Gott« ass. *ilí'a* IV R. 10, 10/11. 32/33 a. 13) [cuneiform] [cuneiform][2] »Istar« bez. »Göttin« ass. *Ištar* II R. 39, 4 g. h. IV R. 10, 5/6. 17/18 a, dagegen [cuneiform] [cuneiform] - *mu* »meine Istar« bez. »meine Göttin« ass. *Ištarí'a* IV R. 10, 34/35 a. 7/8 b. 14) *nam* - [cuneiform] [cuneiform] - *ga* »Macht« ass. *ḳarrádútu*[3], dagegen *nam* - [cuneiform] [cuneiform] - *gá-mu* »meine Macht« ass. *ḳarrádútí'a* II R. 19, 51/52 b. IV R. 13, 20/21 a. 15) [cuneiform] »Fuss« ass. *šépum* passim, dagegen [cuneiform] - *mu* »meine Füsse« ass. *šépâ'a* II R. 16, 31 b. c. 16) [cuneiform] [cuneiform] »Majestät« ass. *tanittum*[4] (= *tanidtum* = **taniddatum* = تَنْهُدَةٌ*) II R. 35, 36 a. b, dagegen [cuneiform] [cuneiform] - *mu* »meine Majestät« ass. *tanâdatû'a* (= تَنْهُدَتِى*) Sm. 954 Obv. 41 ff. Vgl. ferner IV R. 1, 49—60 c und viele andere Stellen.

V. ***numêa*** **»nicht sein«.** *Nu* ist, wie wir bereits aus dem S. 8 angeführten Paradigma No. 4 ersehen haben, die sumerische Negation, welche sich eng mit dem Verbum verbindet. Eine andere, vollere Form ist [cuneiform], was S[c] 60 links durch sum. *na-am*, rechts durch ass. *la-a* »nicht« erklärt wird. In den zusammenhängenden Texten wird dieses *nam* gewöhnlich durch ass. *ai* (d. i. äth. አ፡) wiedergegeben; vergleiche: 1) *nam-ba-ǵul-é-né* »sie mögen nicht befeinden« ass. *ai ulamminúni* IV R. 1, 51/52 c. 2) *nam-ba-nigin-e-ne* »sie mögen sich nicht wenden« ass. *ai issaḫ-rúni* (يستكخرون) IV R. 5, 76/77 c. 3) *nam-ba-bal-bal-é-né* »sie mögen nicht einbrechen« ass. *ai ippalkitúni* (ينفلكتون) IV R. 1, 57/58 c. 4) *nam-ba-du-dú-né* »sie mögen nicht kommen« ass. *ai illikúni* (يهلكون) IV R. 1, 53/54 c. 5) *nam-ba-tu-tú-né* »sie mögen nicht eintreten« ass. *ai irubúni* (يغربون) IV R. 1, 55/56 c. 5, 70/71. 78/79 c. 6) *nam-ba-té-é-né* »sie mögen sich nicht nähern« ass. *ai idḫúni* IV R. 5, 72/73. 74/75 c. Es liegt nahe anzunehmen, dass *nu* aus *nam*[5] contrahirt ist.

Méa kommt von der Wurzel *mé* »sein« und verhält sich zu *mé* offenbar wie *méa* »Schlacht« II R. 19, 11. 67 b (geschrieben [cuneiform] [cuneiform]) zu *mé* »Schlacht« S[b] 294,

---

1) Nach Delitzsch's scharfsinniger Etymologie (Schriftt. No. 185) bedeutet *dimmér* ursprünglich »allmächtiger Richter«.

2) Dieses Ideogramm wurde im Sumerischen, wie aus der Glosse II R. 39, 63 a hervorgeht, *Ninni* bez. *Nina* gesprochen. Vgl. Sm. 954 Obv. 17/18 und IV R. 4, 21 b: *Nin-na du Sin-na-kit* (*Nina du Sinákit*) = ass. *Ištar márat Sin* »Istar, Tochter Sin's«. Der Name der Göttin *Nana*, der Istar von Erech, ist natürlich mit *Nina* identisch.

3) Siehe Glossar. — Wenn auf [cuneiform] [cuneiform] nicht *ga* folgte, so läge es nahe, dieses Ideogramm im Hinblick auf S[b] 1 Obv. 20, wo [cuneiform], d. i. wohl [cuneiform] mit kleinem eingesetzten [cuneiform], durch sum. *gudu* ([cuneiform] ist im Sumerischen *du*!), ass. *ḳarrâdu* erklärt wird, ebenfalls *gudu* zu lesen.

4) Dieses Wort wird bei Ašurbânbal mehrere Male, z. B. 7, 36, *ta* - [cuneiform] - *tu* d. i. *ta-nit-tu* geschrieben. Dass der für das Sumerische längst bekannte Lautwerth *nita* des Zeichens [cuneiform] auch für das Assyrische Anwendung findet, hat zuerst Friedrich Delitzsch erschlossen.

5) Ein anderes *nam*, welches keineswegs negativen Sinn hat, findet sich IV R. 22, 1. 3 a: [cuneiform] - *ta*-[*é*] = *ittaṣâ* (يوتصا) »er ist hervorgekommen«. In der Parallelstelle, Zeile 51, steht statt dessen *mu-ta-é*. Ist hieraus zu schliessen, dass [cuneiform] den Lautwerth *mu* hat? Vgl. auch IV R. 3, 38/39 a. 4, 8. 15 a.

éa »Haus« zu *é*, *géa* »Nacht« zu *gé*, *ada* »Vater« zu *ad* u. s. w. Dieselbe Form[1] lesen wir auch II R. 12, 40 a. b: *ǵar* + *ra nu-mé-a* = ass. *ša lâ ḫubuli* »der nicht schlecht ist«. Ausser *méa* finden wir noch die Form *mén*[2] (*mé-én*), welche ebenso wie *méa* einfach »sein« bedeutet, daher im Assyrischen bald durch »er ist«, bald durch »du bist«, bald durch »ich bin« wiedergegeben wird (siehe Glossar), und endlich die Pluralform *méš*[3] »sie sind«, die in den ersten Blättern des IV. Bandes allenthalben zu finden ist. Andere Formen kommen nicht vor[4].

Interessant wäre es, wenn sich ergründen liesse, auf welchen Grundbegriff das Verbum substantivum zurückgeht. Darüber nun sind wir im Sumerischen, dank seiner hohen Alterthümlichkeit und der unvergleichlichen Durchsichtigkeit seiner Sprachmaterie, glücklicher Weise vollkommen im Klaren. S^b 136—139 erklärt nämlich 𒈨 durch *ḳûlu* »Stimme«, *ḳâlu* »rufen«, *parṣu* »Befehl« (vgl. arab. فَرْضٌ »Gebot, Pflicht«), *ramḳu* »Ausgiessung« (vgl. Delitzsch, Lesestücke, S. 49 Anm. 6). Der Bedeutungsentwicklung nach wäre dies zu ordnen: *ramḳu*, *ḳûlu*, *parṣu*. Die Wurzel 𒈨 bedeutet eigentlich »fliessen« bez. »fliessen lassen«, dann, übertragen auf den Redefluss, »reden, rufen«, endlich (vgl. אָמַר und أَمَرَ) »befehlen«. Genau so ist die Bedeutungsentwicklung bei dem hebr. Stamm אָמַר[5]. Das Sumerische stimmt auch darin mit dem Hebräischen überein, dass die Grundbedeutung so gut wie völlig abgestorben ist; wenigstens ist mir eine Stelle, wo 𒈨 durch *ramḳu* übersetzt wäre und »Ausgiessung« bedeutete, nicht bekannt. Darauf beruht auch jedenfalls, dass 𒈨 in der Bedeutung »ausgiessen« nicht mehr *mé*, sondern *išib* gesprochen wird.

---

1) Gewöhnlich — vgl. Lenormant, E. A. I. 120 ff. — nennt man *méa* ein Participium. Das Sumerische hat aber gar kein Participium. Höchstens kann man sagen, dass die und die sumerische Form in der assyrischen Uebersetzung durch ein Participium wiedergegeben werde. *Méa* ist einfach die Wurzel mit Verlängerungsvocal. Die sumerischen Formen nach der assyrischen Grammatik aufzufassen, ist ausserordentlich misslich.

2) Hier ist die Wurzel durch ein angefügtes *n* erweitert. Lenormant hält *mén* für die ursprüngliche Form. Wäre dies aber richtig, so müssten wir statt *méa, mé-éš* entschieden die Formen *ména, ménéš* erwarten. So lautet von der Wurzel *pad* »nennen« der Singular allerdings *in-pa* mit Abfall des auslautenden Consonanten, der Plural aber nicht *in-pa-éš*, sondern *in-pad-éš*, geschrieben *in-pad-dé-éš*. Siehe Excurs I.

3) *Méš* ist zusammengezogen aus *mé-éš*, der Plural also ganz regelmässig gebildet; vgl. das S. 7 mitgetheilte Paradigma des sumerischen Verbums. Auch das Schriftzeichen für *méš*, nämlich 𒈨𒈨 oder 𒈨𒌍, auch 𒈨𒌍 (siehe Schriftt. 276), ist lediglich eine Zusammenziehung von 𒈨 + 𒌍 *mê-êš*.

4) Das grosse Paradigma mit elf (11) verschiedenen, von dem Bau des sumerischen Verbums total abweichenden Formen, welches Herr Lenormant LPC. pag. 235 aufstellt, ist nicht werth, dass man ein Wort darüber verliert. Falls Herr Lenormant indessen fernerhin noch etwas über sumerische Grammatik schreiben und dann immer noch wie ESC, pag. 320 bemerken sollte »Sur la conjugaison particulière de ce verbe voy. E. A. I, 3, pag. 127, LPC. pag. 234«, so würden wir uns doch zu unserm Bedauern genöthigt sehen, seine kühnen Constructionen der sumerischen Grammatik etwas näher zu beleuchten. Diesmal mag er noch mit einem blauen Auge davonkommen; wir wollen ihm sogar verrathen, dass أَيْنَ »wo« heisst.

5) Siehe Dietrich in der VII. Aufl. des Gesenius'schen Wörterbuches.

Mit diesem 𒈨 »fliessen, reden, befehlen« ist nun die Wurzel 𒈨 »sein« identisch, und zwar schliesst sich der Begriff des Seins nicht etwa, wie man zunächst vermuthen sollte, an den des Fliessens, sondern vielmehr an die Bedeutung »reden, rufen« an. Wir können dies mit absoluter Sicherheit feststellen.

Im Sumerischen können nämlich sämmtliche Wurzeln ohne irgend welche Formveränderung transitiv, intransitiv, intensiv, causativ, reflexiv, passiv u. s. w. gebraucht werden[1]. So bedeutet z. B. die Wurzel *ku* sowohl »ruhig sein« als »ruhig machen« (ass. *ipšaḫ* und *upaššiḫ*), die Wurzel *gal* »festsein« und »festmachen«, »ruhen« und »niederwerfen« (נוּחַ und הֵנִיחַ), die Wurzel *šar* »viel sein« und »viel machen«, die Wurzel *si* bez. *sim* »werfen« und »geworfen werden«, die Wurzeln *gab* und *bur* »lösen« und »gelöst werden« (ass. *paṭâru*, *pašâru* und *napṭuru*, *napšuru*). Unser *mê*, welches durch *ḳâlu* »rufen« erklärt wird, kann daher ebenso gut bedeuten »gerufen, genannt werden, heissen, einen Namen haben« oder, wie der Sumerier sagt, »einen Namen nennen« (*mu-sa* oder *mu-pada*), von dem Wesen selbst s. v. a. sich zur Erscheinung, zum Ausdruck, zur Kenntniss bringen. Dies bekommt dann, was Jedem, der die Sprache des Buches Jesaias[2] kennt, nicht befremden wird, gradezu die Bedeutung »sein«, eine Ausdrucksweise, die sammt der zu Grunde liegenden Anschauung aus dem Sumerischen in das Assyrische und von da (als Babylonismus) auch in das Hebräische übergegangen ist. Der Sumerier sagt daher nicht »die Götter, so viele ihrer sind«, sondern »die Götter, so viele einen Namen nennen«, »die lebendigen Wesen, so viele einen Namen nennen« u. s. w. Für den Sumerier fing eben ein Gegenstand erst dann zu existiren an, wenn er denselben nach irgend einer an seine schon recipirten Vorstellungen hin anklingenden Seite in seinen Ideenkreis aufgenommen und an diesen hervorstechenden vertrauten Zug anknüpfend ihm einen Namen gegeben hatte.

Aus dieser sumerischen Anschauungs- und Ausdrucksweise erklärt sich der zuerst von Delitzsch enträthselte Ausdruck *ninšumšu*[3] »Alles was existirt«, eigentlich »Alles, dem sein Name (*šumšu*)«. So beginnt auch der chaldäische Schöpfungsbericht, der zweifellos aus dem Sumerischen übersetzt ist, mit den Worten[4]: »*ênuma*[5] *êliš lâ nabû šamamu* | *šapliš irṣitum šuma lâ zakrat* »es war eine Zeit, da oben nicht

---

1) Selbstverständlich ist obiges mit Einschränkung zu verstehen. Dass einunddieselbe Wurzel alle diese Wendungen des Begriffes zuliesse, kommt natürlich nicht vor; wohl aber giebt es Wurzeln, die zugleich transitiv und intransitiv, ferner andere, die sowohl reflexiv als auch causativ, wieder andere, welche nicht nur activ, sondern auch passiv gebraucht werden können.

2) Vgl. Jes. 1, 26. 4, 3. 61, 6. 61, 4. 12. Vgl. Gesenius, Wörterbuch, VIII. Aufl. S. 58 und 757.

3) Im Sumerischen entspricht dem ass. *ninšumšu ninnam* »Alles«, z. B. IV R. 13, 34/35 b. 14 No. 3, 3/4. 22, 46/47 a. Vgl. Delitzsch, Anmm. zur Schriftt. 314; Lenormant, ESC. Append. II, wo auch die früheren ungeheuerlichen Deutungen erwähnt sind.

4) Der Text ist veröffentlicht in den Assyrischen Lesestücken, S. 78. Vgl. dazu George Smith's Chaldäische Genesis« S. 294 ff.

5) *ênu-ma* steht für *inu-ma* (d. i. مَا + حِين); ebenso findet man für *înum* »Auge«, da *ê* im Laufe der Zeit wie *î* gesprochen wurde, auch die Schreibung *ênum*.

nannte der Himmel, unten die Erde einen Namen nicht nannte«, das heisst natürlich: »da weder Himmel noch Erde existirte«. Das sumerische Original lautete offenbar: *u anâta mu nusa ana* | *kiâta kia mu nu pada.* Das wäre in Keilschrift: 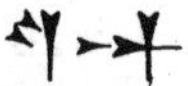
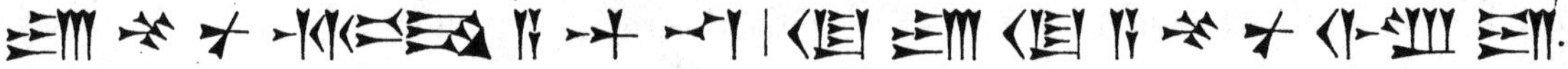

Dritte Zeile.

ban-nan-gu »es zu ihm sagt«.

VI. ***ban-nan-gu* »es zu ihm sagt«**. *Nan* ist, wie S. 7 gezeigt wurde, incorporirtes Verbalrégime; *tukundi du adânara* »*adâmu numéa*« *ban-nan-gu* heisst also »wenn ein Kind zu seinem Vater »nicht mein Vater (du) sein« es zu ihm sagt«. *Ban-nan-gu adânara* »es sagt zu ihm, zu seinem Vater« entspräche genau dem äth. ይቤሎ፡ ለአቡሁ፡, der Sumerier sagt aber: ለአቡሁ፡ ይቤሎ፡. Diese Stellung ist ja auch im Aethiopischen nicht unerhört, vgl. ወለብእሲቱ፡ ይቤላ፡ Gen. 3, 16 »und zum Weibe er sprach zu ihr« (Dillm. § 172).

Das Präfix *ban* scheint die Wurzelbedeutung reflexiv zu färben, also dem semitischen *ta* in ተናገረ፡ bez. افتعل zu entsprechen; die Assyrer übersetzen z. B. *in-si* durch *iddin* (= **jandin*) »er gab«, *ban-si* dagegen durch *ittâdin* (= **jantâdin*)[1]. Wenn wir nach Art der alten assyrischen Gelehrten den Ausdruck *ban-nan-gu* erläutern wollten, so müssten wir folgendes Paradigma aufstellen:

gu = *ḳibû* »erklären, sprechen«, aram. קבע, vgl. S^c 321.
in-gu = *iḳbî* (= يَقْبِعُ*) »er sprach«[2].
ban-gu = *iḳtâbî* (يقتبع bez. يقطبع)
ban-nan-gu = *iḳtabišu* »er sprach zu ihm«.

 bedeutet übrigens nicht bloss in der Aussprache *gu* »reden, erklären«, sondern kann in derselben Bedeutung auch *dug*[3] gelesen werden. Vgl. z. B. IV R. 17, 57/58 a:  d. i. *dug-ga-zu* (*dugâzu*) »dein Wort« ass. *ina ḳibîtika* (قبعتك) »auf dein Geheiss« (werde seine Sünde getilgt u. s. w.); ferner IV R. 20 No. 3, 17/18: *dug-ga-zu ana-dim nu-kur-ru-da*, *an-na za-é maĝ mé-én* (*dugâzu anâdim nukuruda*[4], *ana zaé maĝ mén*) »dein Wort wird wie der Himmel nicht ver-

---

1) Vgl. II R. 8, 58. 59 c. d. IV R. 26, 22—29 b. Ebenso wird *in-gar* »er machte« im Assyrischen durch *iškun*, *ban-gar* dagegen durch *ištâkan* (IV R. 29, 40—44 c) wiedergegeben.

2) Vgl. IV R. 7, 21 a: *ub-gu* = *iḳbi* »er sprach, erzählte«.

3) Dieser Lautwerth ist durch mehrere Glossen bezeugt. Durch Abfall des auslautenden Consonanten (siehe Excurs I) entsteht aus *dug* die Form *du*, welche wiederum, da *u* und *é* im Sumerischen unterschiedslos wechseln (siehe über diese interessante Erscheinung Excurs II), zu *dé* werden kann.

4) Das auf *kur* folgende *u* ist der durch Vocalharmonie beeinflusste Verlängerungsvocal (S. 25), *da* dagegen das Bildungselement des *Da*-stammes, welches sonst gewöhnlich präfigirt wird. *Nu-kur-ru-da* = ass. *lâ uttakkaru* »er ändert sich nicht« finden wir auch IV R. 16, 5/6 a, wo das Inschriftenwerk statt irrig bietet.

ändert, im Himmel du erhaben bist« ass. *ḳibîtka kima šamê ul uttákkar*[1] (= يِنْتَكَّرُ*), *ina šamê atta*[2] *ṣîrat*[3] (ظَهِرْتَ)[4].

Vierte Zeile.

dubbin-mi-nin-ša »scheert er es«.

VII. ***dubbin-ša*** **»scheeren«.** Die Erklärung dieser von allen früheren Uebersetzern missverstandenen Zeile ist etwas schwierig; indess lässt sich die Richtigkeit unsrer Deutung überzeugend darthun. Oppert und Lenormant übersetzen »l'affirme par l'apposition de son ongle«, bez. »et confirmat ungue impresso«[5]. Auch A. H. Sayce schliesst sich befremdlicher Weise dieser abenteuerlichen Auffassung an: »confirming it by (his) nailmark (on the deed)«. Wie die genannten Assyriologen auf diese Uebersetzung verfallen sind, ist klar. Die zusammengesetzte Wurzel *dubbin-ša* »scheeren« setzt sich zusammen aus [cuneiform] und [cuneiform]; das letztere Zeichen bedeutet gewöhnlich »machen« ass. *êpišu*, in welchem Falle es gemäss S^b 293 im Sumerischen *ag* zu lesen ist; [cuneiform] aber wird S^c 298 ff. links durch sum. *dub-bi-in*, rechts durch ass. *ṣûbu*[6] »Finger«, *ṣupru* (ظُفْرٌ) »Klaue« und *ubânu* »Daumen« erklärt. Da ferner S^b 1 Obv. 4 [cuneiform] ebenfalls durch *ṣupru* wiedergegeben wird, so fasste man [cuneiform] auch an unsrer Stelle in der Bedeutung »Klaue« und über-

---

1) So, nicht etwa **tamtakkar*, muss natürlich gelesen werden; denn erstens könnte aus تَنْتَكَّر* doch unmöglich **tamtakkar* werden, und dann heisst »er änderte« im Assyrischen nicht **inkur*, sondern *unakkir*, wir brauchen also einen Intensivstamm.

2) *Atta* »du« wird hier *at-*[cuneiform], was eigentlich *at-tam* gelesen werden müsste, geschrieben.

3) *Ṣîrat* ist Adjectiv mit Personenzeichen; der Assyrer kann nicht nur sagen أَنْتَ شَرِيفٌ, sondern auch أَنْتَ شَرِيفْتَ*. Ich werde diese eigenthümlichen Formationen, welche ich in Ermangelung eines besseren Namens Aoristformen nenne, in einer besonderen Studie eingehend behandeln. Für die vergleichende semitische Sprachwissenschaft sind diese Bildungen von allerhöchstem Werthe. Vgl. darüber auch meinen S. 7 Anm. 1 citirten Aufsatz.

4) Vgl. ferner: *ka-bi dug-ga* »seines Mundes Wort« ass. *ḳibît pîšu* IV R. 15, 49/50 a; *dug-ga-bi* (*dugâbi*) »dieses Wort« ass. *ḳibîta šuatum* (d. i. *š* + [cuneiform]) IV R. 23, 53/54 b; *dug-ga-na* (*dugâna*) »ihr Wort« ass. *ḳibîtiša* IV R. 1, 33/34 b u. s. w.

5) *Documents juridiques*, pag. 56, 26. Es ist charakteristisch, dass Jules Oppert sich nicht schämt, unter das ass. يُجَلِّبُ* »er scheert« (vgl. גַּלָּב »Bartscheerer« Ez. 5, 1, chald. גַּלָּב »Scheermesser«) als Interlinearübersetzung »et ungue impresso« zu setzen!

6) *Ṣûbu* wird *ṣumbu* geschrieben, ebenso wie sich statt *iṣṣanûdu* »er jagt dahin« (يِصْطَنِدُ, Form افتعل) *iṣṣanundu* geschrieben findet (IV R. 1, 12 c. 5, 32 a). *Ṣûbu* (Form فُعْل) ist durch die Mittelstufe **ṣubbu* aus صُبْعٌ* entstanden, genau so wie aus رُبْعٌ »ein Viertel« *rûbu*, aus **ṣab'u* »Krieger« *ṣâbu*, aus ضِلْعٌ »Rippe« *ṣîlu*, aus زَرْعٌ »Same« **zâru* bez. *zêru* wird. Die Form فُعْل ist im Assyrischen sehr gewöhnlich: vgl. *uznu* »Ohr«, *urḫu* und *durgu* »Weg«, *šulmu* »Friede«, *murṣ₃u* »Krankheit«, *puḫru* »Gesammtheit«, *lumnu* »Böses«, *lubšu* »Kleid«, *dumḳu* »Gnade«, *šunnu* »ein Halbes« u. s. w. u. s. w.

setzte dem entsprechend *dubbin-mi-ni-in-ag-a* »Klaue er ihm macht«. Damit ist aber nichts anzufangen.

Dubbin ist hier nicht als Ideogramm zu fassen, sondern als phonetische Schreibung (vgl. S. 19) des Ideogrammes [illegible], welches im Sumerischen dieselbe Aussprache wie [illegible], nämlich *dubbin*, hat, seiner Bedeutung nach aber ganz unmissverständlich durch ass. *gullubu* (Infin. des Intensivstammes) »scheeren« erklärt wird. Das kleine sumerisch-assyrische Wörterbuch, auf welches ich mich hier beziehe, findet sich II R. 24, 58 ff. c. d und lautet daselbst:

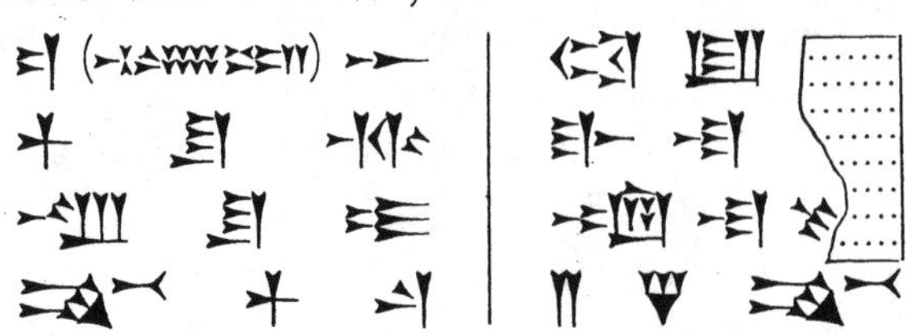

gul-lu-[bu] [1]
gal-lâ-[bu]
nag-la-[bu]
„ *ša šîri* [2].

Den zweiten Theil der zusammengesetzten Wurzel, [illegible], könnte man nun allenfalls in der gewöhnlichen Bedeutung »machen« ass. *épišu* nehmen. Wir müssten dann *dubbin-mi-nin-ag-a* fassen als »zum Geschornen (*dubbin*) macht (*ag*) er (*mi*) ihn (*nin*)«. Indess halte ich es für ungleich wahrscheinlicher, dass [illegible] hier nicht »machen«, sondern vielmehr »schneiden« bedeutet und darum überhaupt gar nicht [illegible] *a-ag* [3], sondern [illegible] zu lesen ist. In der Bedeutung »schneiden« finden wir [illegible] z. B. IV R. 3, 5/6 a: »Wer seinen Gott nicht fürchtet, *gi-dim in-*[illegible] [illegible] wird wie ein Rohr abgeschnitten« ass. *lâ pâliḫ ilašu kima ḳanî uḫtaṣṣi* [4]. Dass [illegible] »schneiden« aber [illegible] zu lesen ist, ergiebt sich aus dem Wörterbuche II R. 27, 55—57 g. h:

ḫipû (خفع) »vertilgen«
„ *ša iḳli* (حقل) »vom Felde« [6]
ḫuppû [7] *ša ḳanî* »abschneiden, vom Rohre«.

1) Hier ist allerdings das Zeichen *bu* ([illegible]) abgebrochen; dass wir aber zunächst in der dritten Zeile [illegible] zu [illegible] zu vervollständigen haben, lehrt II R. 46, 47 a. b, wo [illegible] im Assyrischen durch *gallâbu* »Bartscheerer, Barbier« wiedergegeben wird. Vgl. hierzu Delitzsch, Assyr. Studien, S. 135.

2) *Naglabu* (Form نَفْعَل = arab. مِفْعَل) ist das Instrument zum *gullubu*, also »Scheermesser«; *šîru* (sum. *uzu*) ist das gewöhnliche Wort für »Fleisch« hebr. שְׁאֵר; *naglabu ša šîri* bedeutet vielleicht — natürlich ist das nur eine Vermuthung — στλεγγίς.

3) Die Lesung *ag* wird schon durch das darauffolgende *a* unmöglich; *aga* würde ganz entschieden nicht *ag-a*, sondern *ag* + *ga* geschrieben werden.

4) Vgl. Schrader, Die Höllenfahrt der Istar, S. 97. *Uḫtaṣṣi* — so, nicht *iḫtaṣṣi* (Schrader), wird gelesen werden müssen — ist Präsens der Form افتعّل (= arab. تفعّل) und steht nach assyrischen Lautgesetzen für يَخْتَصِّي*; vgl. arab. خصى, äth. *ḫaṣáva* »castravit«, talmud. חצץ »zerschneiden«, חצינא »Axt«.

5) Dieses Ideogramm ist gemäss S^b 207/8, wo es durch ass. *dâku* »tödten« und *ḫipû* »vertilgen« erklärt wird, im Sumerischen *gaza* zu lesen.

6) D. h. »vertilgen, vom Felde gesagt«, also »verwüsten«.

7) *ḫuppû* (Infin.) = خُفُّع*. Der assyrische Stamm خفع bedeutet urspr. »schneiden«. Diese Grundbedeutung, die sich, wie so oft, noch in dem Intensivstamm erhalten hat, geht dann, wofür

Hier wird uns ausdrücklich gesagt, dass das Ideogramm 𒀝 in der Bedeutung »schneiden« 𒊭 zu sprechen ist; *dubbin*-𒀝 (sprich 𒊭) ist demnach »scheeren + schneiden«, »scheerend, bez. mit dem Scheermesser schneiden«, »scheeren«.

Es fragt sich schliesslich nur noch, wie in der eben citirten Glosse das 𒊭 zu lesen ist. Das Zeichen 𒊭 hat die Lautwerthe *ša* und *gar*. Da 𒊭 in der Aussprache *gar* ebenso wie 𒀝 (*ag*) »machen« bedeutet, möchte man zunächst der Lesung *gar* den Vorzug geben. Dann wäre aber die Schreibung 𒀝 𒀀 nicht zu erklären: *gara* müsste *gar* + *ra*, also 𒀝 𒊏, nicht *gar* + *a*, geschrieben sein. Die Schreibung 𒀝 𒀀 weist darauf hin, dass 𒀝 in unsrem Zusammenhang einen vocalisch auslautenden Sylbenwerth hat. Wir lesen deshalb 𒊭 nicht *gar*, sondern *ša*, und die ganze Phrase: *dubbin-mi-nin-ša*. Lese man übrigens wie man wolle — die Hauptsache bleibt, dass *dubbin-mi-nin-ša*[1], wie ich genügend gerechtfertigt zu haben glaube, nicht »er legt ihm den Fingernagel an«, sondern »er scheert es« bedeuten muss. Dies hätte jeder Assyriologe, der in dem II. Bande des Inschriftenwerkes einigermassen zu Hause ist, herausfinden können[2].

Fünfte Zeile.

garâru mi-nin-duê »Knechtesdienst legt er ihm auf«.

𒆕 bedeutet in der Aussprache *du* oder *ru* (nicht *dú*, *rú*!) »machen« ass. *êpišu*[3]; *mi-nin-du-ê* heisst daher: »er macht es«. Ebenso einfach erklärt sich *gara* 𒃻 𒊏, indem das Ideogramm 𒃻 S^b 195 durch ass. *abuttum* d. i. hebr. עֲבֹדָה[4] übersetzt wird. Ein Compositum dieser Wurzel ist *damgar*[5] »Arbeiter« oder »Feldarbeiter«, eigentlich »Mann der Feldarbeit«, das in der Form *damkarum*[6] auch in

---

sich aus den übrigen semitischen Sprachen Analogien genug beibringen lassen, in die Bedeutung »vertilgen, verwüsten« über.

1) *Mi-nin* ist im Wesentlichen gleichbedeutend mit *in-nan* (S. 7); *nin* ist nämlich incorporirtes Verbalrégime. Wenn daher *in-ša* heisst »er schneidet«, so muss *mi-nin-ša* »er schneidet ihn« bedeuten. So wird z. B. II R. 9, 11 c. d *in-si* durch ass. *iddin* »er gab«, *mi-nin-si* dagegen in der unmittelbar folgenden Zeile durch *iddinšu* »er gab ihm« übersetzt. Vgl. auch Zeile 45 und 46: *um-mê-ga-lal-šú mi-nin-si* »zur Amme gab er ihm« ass. *ana mušênikti iddinšu*.

2) Weiteres siehe in den Nachträgen.

3) Siehe z. B. II R. 15, 32 a. b; 38, 13 a. b; vgl. auch Delitzsch, Schriftt. No. 140.

4) Vgl. S. 6 Anm. 1; Delitzsch, Schriftt. No. 175.

5) *Damgar* findet sich auch in der Liste von Amts- und Berufsnamen II R. 31 No. 5, Z. 72 b (vgl. dazu Delitzsch, Assyr. Studien, Excurs IV). Der »Feldarbeiter« folgt hier auf den »Gärtner«, den der Sumerier als »Mann der Baumpflanzung« bezeichnet (vgl. Schriftt. No. 47). »Feldarbeiter« heisst im Sumerischen auch *ibira* II R. 7, 34 g (beachte *ibila* »Sohn« S. 9 Anm. 4.).

6) *Damkaru* verhält sich zu *damgar* wie ass. *êkálu* (הֵיכָל) zu sum. *êgal*, *kussu* (כִּסֵּא) zu *guza*, *ikkaru* »Fundament« (Schriftt. No. 29. S^b 290) zu *êngar*, *ḫikálu* »Ueberfluss« (Schriftt. No. 99) zu *ĝigal* u. s. w. Schon das *k* in ass. *damkarum* zeigt, dass wir 𒂵-*ar*, was S^b 195 als sumerische Aussprache von 𒃻 »Feldarbeit« angegeben wird, nicht *ka-ar*, sondern *ga-ar* zu lesen haben. Im Assyrischen hat 𒂵 allerdings den Lautwerth *ka*, im Sumerischen ist es aber sicherlich *ga* zu lesen; vgl. auch S^a IV, 6, wo *gar* als Lautwerth für 𒃻 bezeugt ist. Das sum. *gar* »Feldarbeit« steckt offenbar auch in *a-gar* (Schriftt. No. 303) »Feld«, das als *ugaru* in das Assyrische aufgenommen worden ist. Mit dem äth. *hagar* hat *ugaru* nichts zu schaffen.

das Assyrische übergegangen ist. *Gar-ra mi-nin-duê* bedeutet also jedenfalls »Arbeit er ihm macht« oder »Arbeit er ihm auferlegt«, das heisst natürlich: יַעֲבֹד בּוֹ עֲבֹדַת עֶבֶד.

VIII. **Postposition** 𒀸. Was ist nun aber das zwischen *gara* und *mi-nin-duê* stehende 𒀸? Zunächst möchte man annehmen, dass es zur Verbalform zu ziehen sei; denn überall, wo es vorkommt, folgt darauf *mi-nin*. So gleich in der nächsten Zeile *azaga*-𒀸-*mi-nin-si* »für Silber er es hingiebt«; ebenso II R. 13, 23 und 29 a. b: [Keilschrift] 𒀸 *mi-nin-gub* = ass. *ana manzazani* (Form مَفْعَلَان) *ušziz* (يُشْزِز) — viermal also haben wir dieses 𒀸 vor *mi-nin*. Dies muss wohl seinen Grund haben. Dass nun aber trotzdem 𒀸 nicht zum Verbum gehört, zeigt klar Zeile 22: [Keilschrift] 𒀸 = ass. *ana manzazani*. Hieraus ergiebt sich, dass 𒀸 eine sumerische Postposition sein muss. Ueber allen Zweifel wird dies erhoben durch Vergleichung der vorhergehenden Zeile: Z. 21 bildet [Keilschrift] = *manzazanu*, Z. 22 dagegen [Keilschrift] 𒀸 = *ana manzazani*. Aus diesen beiden Gleichungen folgt, dass 𒀸 = ass. *ana* ist, mithin dieselbe Bedeutung hat, wie die Postposition [Keilschrift] *šú* (S. 15 ff.) und [Keilschrift] *ra* (S. 27 f.).

Was die Lesung dieser Postposition 𒀸 anlangt, so steht an sich die Wahl zwischen *aš*, *ru* (bez. *rum*) und *dil* offen. Letzteres wird indess Niemand im Ernste vorschlagen; es handelt sich deshalb nur um *aš* oder *ru*. Im ersten Augenblick ist man geneigt der Lesung *aš* den Vorzug zu geben, also *gar-ra-aš mi-nin-duê*, *azag-ga-aš mi-nin-si*, *gub-ba-aš mi-nin-gub* zu lesen. In diesem Falle giebt es zwei Möglichkeiten. Entweder ist *garraš* und *azaggaš* (*garaš*, *azagaš*) abgekürzt aus *gar-ra-šú* (*garâšu*), *azag-ga-šú* (*azagâšú*), ebenso wie *ânir* »zu seinem Vater« aus *ânira* (s. oben S. 28); oder es sind Adverbialbildungen wie *gal-li-êš* »gross«, *ǵul-li-êš* »freudig«, *azag-gi-êš* »glänzend«, *dug-gi-êš*[1] »gut« u. s. w.; sagt man doch auch im Assyrischen ebensowohl *šallatiš amnú* »zur Beute rechnete ich« als *ana šallati amnú*. Gegen letztere Möglichkeit erheben sich aber zwei starke Bedenken.

Zunächst ist nicht einzusehen, warum es statt *gar-ri-êš*, *azag-gi-êš* hier *gar-ra-aš*, *azag-ga-aš* heisst. Vor Allem aber scheitert jene Annahme an folgender Erwägung. Diese Adverbialbildungen auf *êš* sind offenbar nicht ächt sumerisch, sondern vielmehr assyrischem Geiste entsprungene associative Neubildungen nach den assyrischen Adverbien wie *arḫiš* und *urruḫiš* »rechtzeitig«, *êliš* »oben«, *šapliš* »unten«, *izziš* »gewaltig«, *šalṭiš* »siegreich«, *šalmiš* »friedlich«, *gušriš* »ungestüm«, *ḫanṭiš* und *ḫitmuṭiš* »eilig«, *marṣiš* »peinlich«, *limniš* »feindlich«, *ma'diš* »viel«, *aggiš* »gewaltig«, *abubâniš* »wie Sturmfluthen«, u. s. w.[2] Rein sumerisch müssten diese Adverbialbildungen statt *gal-li-êš*, *azag-gi-êš* *gal-bi*, *azag-bi* lauten[3]. Wenn wir in

1) Ass. *rabîš*, *ḫadîš*, *êlliš*, *ṭâbiš* IV R. 9, 15/16 a. 17, 13/14 a. 25, 45/46 b. 13, 13/14 b.

2) Das *š* in diesen Formen ist der Rest des Pronomens der 3. Person *šu* »er«; *ḫitmuṭiš illik* »schnell zog er«, *izziš iṣṣanúdu* »gewaltig jagt er dahin« entsprechen genau äthiopischen Ausdrucksweisen wie *ḥôra tĕkûzû* »er ging traurig fort« (Dillmann, S. 377, b). Den Vocal von *šu* wirft das Assyrische auch in andern Fällen ab; man kann statt *išrukúšú* »sie gewährten ihm« ebenso gut *išrukuš* sagen.

3) Vgl. *šur-bi* »mächtig« ass. *izziš* IV R. 5, 31/32. 72/73 a. 12, 38/39; *maǵ-bi* »viel« ass. *ma'diš* II R. 47, 55 c. d. IV R. 19, 52/53 b; *gal-bi* »gross, sehr« ass. *rabiš* II R. 19, 24

einem sumerischen Texte *éš* als Adverbialendung treffen, so müssen wir annehmen, dass derselbe von einem assyrischen Gelehrten oder Priester, für den das Sumerische eine todte, künstlich erlernte Sprache war, verfasst ist. In diesem Falle kann es uns nicht befremden, wenn derartige Gesänge zum Theil assyrisches Sprachgut enthalten, auch das Mönchslatein ist doch nicht frei von Germanismen! Wir müssen die sumerischen Adverbia auf *éš* ebenso auffassen wie die Negation *lâ*, die wir bisweilen in sumerischen Texten finden. Nun wird aber kein Assyriologe im Ernste behaupten wollen, dass der sumerische Text der Familiengesetze von einem Assyrer herrühre: wir haben hier ganz entschieden reines unverfälschtes Sumerisch vor uns, können also in diesem Falle assyrisirende Adverbialbildungen auf *éš* nicht annehmen.

Eher wäre es möglich, *gar-ra-aš* (*garaš*) als Abkürzung von *garâšú* zu fassen; indess ist die Apokope eines auslautenden *u* im Sumerischen sonst nicht zu belegen, ausserdem sieht man nicht ein, warum das *u* grade vor *m*, das diesen Vocal doch liebt, abgeworfen sein sollte. Ich glaube daher, dass wir  *ru* zu lesen haben, ein Lautwerth, der für dieses Zeichen durch S[a] 2, 6 ausdrücklich bezeugt ist. Dieses *ru* wäre dann eine Nebenform der Postposition *ra*, die wir S. 27 f. behandelt haben. So erklärt sich auch ganz ungezwungen, warum nur vor *mi-nin* erscheint. Offenbar ist das Auftreten des *U*-vocales durch den folgenden Labial veranlasst. Es scheint sogar, dass wir diese Postposition ebenso wie  (*šú*, vgl. S. 17) auch einmal in der phonetischen Schreibung (S. 19. 34)  d. i. *ru* vor uns haben. Wir lesen nämlich II R. 18, 31 d. e.: 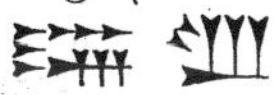 (*lu-ru*) = ass. *ana améli*, dem sonst im Sumerischen *lu-ra* (vgl. S. 27) entspricht. Leider sind nur diese beiden Zeichen in der sumerischen Columne erhalten; zu ergänzen ist sie:  (*unaméšú lu lu-ru*) = ass. *ana arkat úmí amélu ana améli* »für ewige Zeiten (soll) ein Mensch zu dem andern«. Unglücklicher Weise ist das auf  folgende Wort im Anfang der nächsten Zeile ebenfalls abgebrochen; wir können daher an dieser Stelle ganz Sicheres nicht feststellen. Immerhin hat die Annahme, dass  hier phonetische Schreibung von  ist, ohne Zweifel sehr viel für sich. Auf alle Fälle ist, wie ich meine, die Lesung *gara-ru* und *azaga-ru* der andern *gara-aš*, *azaga-aš* vorzuziehen. Dies kann indess Jeder halten, wie er will. Für den Sinn ist es ja vollkommen gleichgültig — eine sumerische Postposition bez. ein Suffix mit der Bedeutung »zu, für« (= ass. *ana*) ist  jedenfalls und *gar-ra-**-mi-nin-dué* muss heissen »zum () Knechtesdienst (*gara*) er (*mi*) es (*nin*) macht (*dué*)« oder »Knechtesdienst er ihm auflegt«.

Sechste Zeile.

ša azagâru mi-nin-si »und für Silber giebt er es hin«.

IX. ***ša* »und«**. Meine Lesung der sumerischen Copula 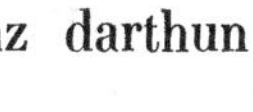 »und« wird überraschen; doch glaube ich ihre Richtigkeit bis zur Evidenz darthun zu können.

---

bez. 27 b. IV R. 18, 40/41. 58/59 b; *ag-bi* »gewaltig« ass. *izziš* IV R. 5, 69/70 b; *gul-lu-bi* »feindlich« ass. *limniš* IV R. 5, 48 bez. 51 a. Auch *bi* ist natürlich das Suffix der dritten Person; *šur-bi* kann demnach im Sumerischen heissen sowohl »seine Macht« als »diese Macht« als endlich adverbialisch »mächtig«.

Zweierlei werde ich dazu nachweisen: 1) dass 𒅇 im Sumerischen weder *au* (Oppert, Ménant) noch *ua* (Sayce, Lenormant) noch etwa, was eigentlich das verhältnissmässig Berechtigste wäre, *u* gelesen werden darf; 2) dass vielmehr a) das Zeichen 𒅇 im Sumerischen den Lautwerth *ša* hatte, und b) dass 𒅇 auch in der Bedeutung »und« im Sumerischen *ša* gelesen wurde. Daraus ergiebt sich dann einmal, dass 𒌋 nur eine Abkürzung von 𒅇 ist, und sodann, dass der Lautwerth *u* der Zeichen 𒅇 bez. 𒌋 assyrischen Ursprungs ist.

1) Dass Oppert's Lesung *au* durch nichts zu rechtfertigen ist, bedarf keines Beweises. Nicht minder lässt sich die Behauptung, dass 𒅇 im Sumerischen *ua* gesprochen worden sei, mit Leichtigkeit widerlegen. Die beiden Beweise, welche ESC. pag. 176 angeführt sind, werden, wie Herr Lenormant selbst zugeben wird, durch 2, a meiner Beweisführung vollständig widerlegt[1]. Ich beschäftige mich deshalb hier nur mit der Lesung *u*.

Dafür, dass 𒅇 nicht nur im Assyrischen, sondern auch im Sumerischen *u* zu lesen sei, könnte man zweierlei anführen: α) dass S^a IV, 24 in der That *u* als Lautwerth dieses Zeichens bezeugt, und β) dass 𒅇 in den sumerischen Texten unterschiedslos mit 𒌋, welches im Assyrischen den Lautwerth *u* hat, wechselt. Hiergegen bemerke ich jedoch Folgendes: ad α) Wohl ist es richtig, dass in den Zeichensammlungen der Gruppe S^a im Allgemeinen nur sumerische Lautwerthe

---

1) Ein dritter Beweis, den Herr Lenormant nachträglich für seine Lesung *ua* vorbringt, ist zu charakteristisch, als dass ich mir versagen könnte ihn anzuführen. Wir lesen ESC. pag. 213: »Comme preuve de la valeur accadienne *ua* du signe 𒅇, il faut encore signaler un fait important et à mes yeux décisif. Le mot bien connu *uatu* »enfanter«, dont l'orthographe, purement phonétique, commence toujours par ce signe, devient *atu* après des mots terminés par un *u*. Ainsi on dit et on écrit *luku atu*, »la mère qui a enfanté«, au lieu de *luku uatu* (II R. 32, 53—55 c; un autre exemple du même fait à la ligne 52). Ceci serait inexplicable si l'on devait lire *utu* au lieu de *uatu*. La chose est, au contraire, toute simple du moment que la syllable initiale était la diphthongue *ua*; le *u* seul s'en efface, absorbé et confondu dans celui qui termine le mot précédent, et le *a* se maintient«. Dagegen ist Folgendes zu bemerken: a) Niemand, also auch Herr François Lenormant nicht, kann wissen, ob 𒅇 𒌅 »gebären« phonetische Schreibung ist. Oder besitzt etwa Herr Lenormant einen »texte inédit« d. h. einen Text, der aus naheliegenden Gründen niemals veröffentlicht werden kann, in welchem 𒅇 𒌅 »gebären« die Glosse *u-a-tu*, vielleicht gar mit dem Zusatze »nicht *utu* oder *šatu*!« hat? Die betreffende Tafel würde dann wohl zu der gleichen Serie gehören wie jener LPC. pag. 154 mitgetheilte »texte inédit«, welcher die sumerischen Ziffern mit Glossen enthält. b) Niemand, also auch Herr François Lenormant nicht, hat irgend welchen Anhalt dafür, dass 𒀀 𒌅 II R. 32, 53—55 c »gebären« bedeutet, *atu* zu lesen und aus **uatu* entstanden ist. c) Jeder aber, also auch Herr François Lenormant, kann wissen, dass »die Mutter« im Sumerischen nicht *luku* heisst. Zunächst nämlich ist 𒇻 𒆪 (*lu-ku*) II R. 32, 44 c offenbar (und erwiesenermassen) ein Schreibfehler für 𒇻 𒇻 (*lu-lu*); ferner gehört die Glosse, wie Herr Lenormant gewiss ebenso gut wie ich weiss, nicht zu dem vorausgehenden [cuneiform] »Mutter«, sondern zu dem folgenden 𒈜 (*lul*); auch Zeile 48 ist [cuneiform] deutlich Glosse zu [cuneiform]. — Nun ziehe sich der unparteiische Leser einen Schluss: die Lesung *luku* ist falsch, die Lesung *uatu* ist falsch, die Lesung *atu* ist unsicher, die Uebersetzung von *atu* ist unsicher, und auf Grund dieser soliden Prämissen kommt Herr François Lenormant zu dem Schluss, dass *luku* (??) *atu* (??) aus *luku* (??) *uatu* (??) entstanden und 𒅇 deshalb *ua* zu lesen sei!!

registrirt sind; indess giebt es doch mehrere Fälle, wo die aufgeführten Lautwerthe sicher assyrische sind. Wenn S[a] I, 15 für »Gott« den Lautwerth *ili* angiebt; für »Gott« S[a] II, 14 *ilu*; wenn wir bei »Hund« S[a] II, 22 den Lautwerth *kalbu* lesen, bei »Mund« S[a] II, 32 *pi*, bei »Krieger« S[a] 2, 9 *ṣab*, bei »Meer« S[a] 2, 12 *tam*[1], so wird man zugeben müssen, dass auch das *u* bei der Copula »und«, ass. *u*, sehr wohl eben dieser a s s y r i s c h e Lautwerth sein kann. ad β) Dass in den sumerischen Texten mit wechselt, ist unbestreitbar[2]. Wenn dies aber beweisen soll, dass ebenso wie im Sumerischen den Lautwerth *u* hat, so müsste zunächst nachgewiesen werden, dass im Sumerischen nicht nur überhaupt den Lautwerth *u*, sondern vor Allem, dass es n u r u n d a u s s c h l i e s s l i c h den Lautwerth *u* hat. Nun ist aber nicht einmal ausgemacht, dass im Sumerischen überhaupt *u* gesprochen wurde[3]. Eine einzige Stelle liesse sich für die Lesung *u* vorbringen, S[b] 209/10; dort lesen wir nämlich:

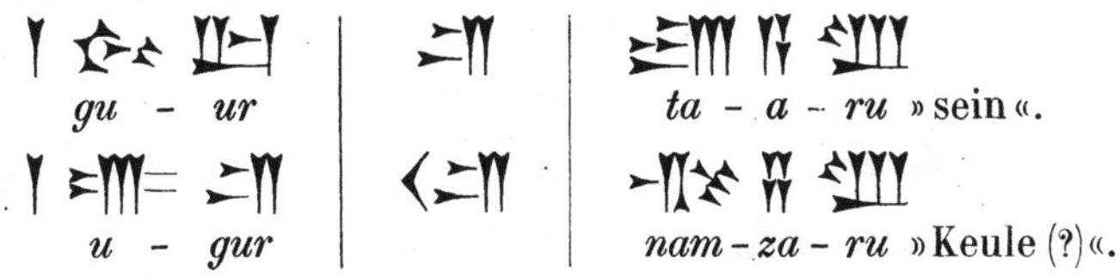

Allein abgesehen davon, dass hier ein reiner Zufall vorliegen kann, lässt sich dieser Stelle S[b] 366 entgegenhalten, wo als phonetische Aussprache des Ideogrammes (d. i. + *gan*) *ša-gan* angegeben wird[4]. — Wie man sieht, ist kein einziger irgend

1) Dass schon im Sumerischen *tam* gesprochen wurde, lässt sich nicht nachweisen; ich glaube deshalb, dass dieser Lautwerth assyrischen Ursprungs ist, abgeleitet von *tamtum* »Meer«. Bekanntlich heisst »Meer« im Assyrischen nicht nur *ti'amtum* (S. 6), sondern auch *tâmtum* (plene *ta-a-am-tum*, IV R. 30, 16 a, = *tâmatum* Sintfl. III, 24, Plur. *tâmâti*). Beiläufig bemerkt, ist es durchaus unnöthig, als Ideogramm mit phonetischem Complement zu fassen: die Lesung *tam-tim*, ist vollkommen berechtigt.

2) Vgl. z. B. IV R. 15, 16/17 b mit 26, 36/37 b.

3) Wenn nach »Herr« als Verlängerungsvocal zuweilen nicht *a*, sondern *ê* erscheint, so folgt daraus durchaus nicht, dass in diesem Falle *u* zu lesen ist; *ê* steht keineswegs nur nach Wörtern, welche auf *u* auslauten. So finden wir z. B. *ên-ê* »Herr« ass. *bêlum* IV R. 13, 10/11 a. 17, 40/41 a. 19, 38/39 a (zur Lesung *ên* vgl. die Abstractbildung *nam-ên-na* »Herrschaft« ass. *bêlûtum* IV R. 5, 61/62 a. 22/23 b. 18, 41 bez. 43 a u. ö.); ferner *gal-ê* »gross« ass. *rabû* IV R. 9, 5/6 a (vgl. *ǵarsag galgal-ê* IV R. 28, 13 b); *lal-ê* = ass. *maṭû* II R. 13, 31 c. d (vgl. S[b] 142); *lugal-ê* »König« IV R. 18, 37 a, *nam-lugal-ê* »Königthum« ass. *šarrûtum* IV R. 18, 48/49 a (sonst *nam-lugal-la* bez. *nam-lugala* IV R. 5, 76 a. 18, 41 a. 20, 19 u. ö.); *maǵ-ê* »gross« ass. *rabû* IV R. 2, 14/15 c (vgl. auch IV R. 13, 11/12 b *kisal maǵ-ê* = ass. *ina kisal maḫi*); *dam-ê* »Gemahl« ass. *aššatu* bez. *mutum*, in der zweiten Zeile des 5. und 6. Familiengesetzes; beachte endlich auch *luǵ-ǵi* d. i. doch wohl *luǵ-ê* (= *luǵ-a*) »wasche« ass. *misî* IV R. 13, 52/53 a. Wir könnten deshalb auch statt *ǵu-ê* »Vogel« (IV R. 14 No. 1 Obv. 15) *mušên-ê* (vgl. S. 4) lesen. Ueberhaupt ist die Annahme, dass nach *u* der Verlängerungsvocal in *ê* übergeht, irrig; vgl. *abzu-a* »Ocean« IV R. 14 No. 2 Rev. 8; *uru-a* »in der Stadt« ass. *ina ali* IV R. 1, 20/21 a. 16, 7/8 b (*Gallal ǵul uru-a mun gin gin* »der böse Dämon geht in der Stadt um« ass. *Gallû limnu ina ali iṭâl*); *mun-zu-a* »er erlernt« ass. *ilâmad* IV R. 9, 9/10 b u. s. w. Instructiv ist IV R. 18 b: Zeile 6 lesen wir *na-ak*- - *a* »Herrschaft«, Zeile 34 aber *na-ak*- - *ê*, so auch IV R. 9, 11 b.

4) Eigenthümlich ist, dass sowohl als (vgl. Schriftt. No. 250) als auch (IV R. 9, 1/2 a. 10, 48/49 a. 13/14 b. 26, 30/31 a u. ö.) »Herr« ass. *bêlum* bedeutet

stichhaltiger Grund vorhanden, welcher uns zwänge,  im Sumerischen *u* zu lesen, und es wäre darum bis jetzt das einzig Vernünftige gewesen, zu sagen: die sumerische Aussprache dieses Zeichens ist uns noch nicht bekannt[1].

2) Man hätte indess schon längst aus dem II. Bande des Londoner Inschriftenwerkes herausfinden können, dass das Zeichen  im Sumerischen den Lautwerth *ša* hat, und weiter aus dem IV. Bande, dass es auch in seiner Bedeutung als Copula *ša* gesprochen werde.

a) Bekanntlich wird vor dem antretenden Verlängerungsvocal der auslautende Wurzelconsonant in der Schrift wiederholt; so wird z. B. statt *ada, ad-a* »Vater« regelmässig *ad* + *da*, statt *saga* »Kopf« *sag* + *ga* geschrieben. Wenn deshalb an einer Stelle *ad* mit Verlängerungsvocal *ad-x* geschrieben wäre, so würde daraus unzweifelhaft folgen, dass x den Lautwerth *da* hat. Nun haben wir im Sumerischen eine Wurzel  »ruhen« ass. *nâḫu*, welche in dieser Bedeutung nach der ausdrücklichen Angabe der Glosse II R. 48, 5 a im Sumerischen *kuš* zu lesen ist. Diese erscheint, sobald sie den Verlängerungsvocal annimmt, ausnahmslos in der Gestalt *kuš*-[2]. Daraus geht unbestreitbar hervor, dass  im Sumerischen den Lautwerth *ša* hat. b) Dass  nun aber auch in der Bedeutung »und« im Sumerischen *ša* gelesen wurde, ergiebt sich aus einer Stelle, auf welche mich Friedrich Delitzsch aufmerksam gemacht hat. Wir lesen IV R. 3, 27/28 b: *saga-gig lu-ra .... mun-ga-ga* = ass. *muruṣ ḳaḳḳadi ana améli iššakin-va* »die Krankheit des Kopfes (d. i. die Raserei, im Assyrischen auch *ṭê'u* genannt) ist dem Menschen angethan worden und«. Wie man sieht, muss hier in der Lücke die Copula »und«, welche im Sumerischen nicht zwischen die beiden zu verbindenden Wörter, sondern vor das erste derselben gesetzt wird[3], gestanden haben. In der nächsten Zeile 29/30 entspricht

---

und  II R. 47, 54 g die Glosse  (*u-mu-un*) hat. Dazu kommt noch, dass S^b 90 dem ass. *mummu*, welches II R. 25, 63 c. d (vgl. dazu Delitzsch in George Smith's Chaldäischer Genesis, S. 297) als Synonym von *béltum* »Herrin« erscheint, im Sumerischen *umun* entspricht. An einigen Stellen, z. B. IV R. 10, 36/37 a. 35/36 b. 21, 9/10 b, findet sich scheinbar auch 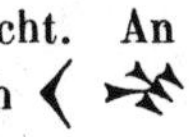 in der Bedeutung »Herr«; doch ist in diesen Fällen  (*mu*) als Suffix der 1. Person zu fassen.

1) Höchstens hätte man im Hinblick auf II R. 27, 51 c *si* lesen können — dies wäre immer noch richtiger gewesen als *u*.

2) Vgl. z. B. II R. 16, 31 b. c: -*mu nu-kuš*- »meine Füsse ruhen nicht« ass. *lâ ânihâ* (3. pers. plur. fem. aoristi von أَنَخَ = نَاخَ); II R. 48, 8 a. b: *nu-kuš*-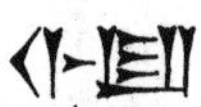 »nicht nachlassend« ass. *lâ ânihu* (vgl. auch die beiden vorhergehenden Zeilen); IV R. 9, 38/39 a: »dessen Kniee« *nam-kuš*- »nicht nachlassen« ass. *ša birkâšu la innaḫâ* (= **ja'ânaḫâ*, vgl. *immarû* »sie sehen« = **ja'âmarû* u. a.); 16, 58/59 a: *nu-kuš*-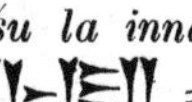 = ass. *nu-ki-šé-é* (vgl. Schriftt. No. 171); 29, 47/48 b: *kuš*-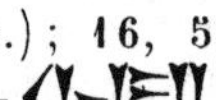 = ass. *nûḫu* u. s. w.

3) Daher heisst z. B. »besprenge und« ass. *suluḫ-va* im Sumerischen nicht *mé-ni-su-ša*, sondern *ša-mé-ni-su* IV R. 22, 14/15 b; vgl. ferner: *ša-mé-ni-dul* = ass. *kuttim-va* »bedecke und« IV R. 3, 34/35 a; *ša-mé-ni-bur* = ass. *pušur-va* »löse und« IV R. 7, 35/36 a; *ša-mé-ni-gab* = ass. *puṭur-va* »befreie und« IV R. 7, 35/36 a. 19, 12/13 b; *mug-na ša-mé-ni-dé* = ass. *élišu tubuk-va* »auf ihn giesse aus und« IV R. 26, 41/42 b; *šu lu-ba-kit ša-mé-ni-gar* = ass. *ana ḳati améli šuati šukun-va* »auf die Hand dieses Menschen lege und« IV R. 27, 51/52 b; *sila damal-lâ-šú ša-mun-dub* = ass. *ana rébiti tubuk-va* »auf die Strasse giesse aus und« IV R. 16, 52 b; vgl. endlich IV R. 7, 21 a: *ša-ub-gu* = ass. *iḳbišu-va* (*iḳ-bi-šuv-va*) »er erzählte ihm und«. Sonderbar

dem assyrischen *iššakin-va* im Sumerischen ..[cuneiform] *mun-ga-ga*; hier ist wenigstens ein Theil des Zeichens für die Copula erhalten. In Zeile 48/49 aber lesen wir (mit wörtlicher Wiederholung der ersten Zeile): *âmu saga-gig lu-ra* [cuneiform] - *mun-ga-ga* = ass. *abî* [*muruṣ*] *ḳakḳadi ana amêli iššakin-va* »mein Vater, die Raserei u. s. w.« Hier finden wir also als Copula [cuneiform], was im Sumerischen *ša* gesprochen wurde. Dieses Zeichen ist auch in der Lücke der ersten Zeile einzusetzen, ebenso ist das ..[cuneiform] der dritten Zeile (Z. 29) zu [cuneiform] zu vervollständigen. Nachdem ich festgestellt habe, dass [cuneiform] im Sumerischen den Lautwerth *ša* hat, kann es keinem Zweifel unterliegen, dass das [cuneiform] (*ša*) in der eben besprochenen Stelle phonetische Schreibung (S. 19) für [cuneiform] und demnach die Copula [cuneiform] »und« ass. *u* im Sumerischen *ša* zu lesen ist.

X. *azaga* »**Silber**«. So unmissverständlich auch der Sinn der Zeichen [cuneiform] ist, ist doch ihre Lesung nicht ohne Weiteres klar. Dass [cuneiform] »Silber« ass. *ṣarpu* oder *kaspu* bedeutet, ist durch zahlreiche Stellen gesichert. Wir begegnen dem Ideogramm auch in der Zeichensammlung S^b^, wo Z. 111—114 vier Metalle, nämlich Silber, Gold, Kupfer, Bronze nach einander aufgeführt und ihren sumerischen Namen nach auf *kubabbar*, *gušgi*, *zabar* und *urudu* bestimmt werden. Das erste Element [cuneiform] der beiden bekannten Ideogramme für »Silber« und »Gold«, [cuneiform] und [cuneiform], ist im Sumerischen gemäss S^b^ 109 *ku* zu lesen und entspricht dem ass. *êllu* »glänzend«, während [cuneiform] in der Aussprache *babbar* (= **barbar*) »Sonnenaufgang« ass. *ṣit šamši*[1], [cuneiform] (*gi*) dagegen »Rohr« ass. *ḳanu* bedeutet: *kubabbar* »Silber« ist daher eigentlich das Metall, welches »glänzt (*ku*) wie die aufgehende Sonne (*babbar*)«, *gušgi*[2] »Gold« das Metall, welches »glänzt (*guš*[3]) wie das — gelbe — Rohr (*gi*)«.

---

ist es, dass sämmtlichen sumerischen Imperativformen, welche durch Präfigirung von *mé*, *mé-ni*, *mun-ni* gebildet sind, in den bis jetzt veröffentlichten zusammenhängenden Texten die Copula »und« vorausgeht. Dass dieses vorstehende *ša* wirklich die Copula ist, lehrt das Paradigma II R. 39, 7—10 e. f, wo Zeile 7 dem sum. *mu-un-ni-gu* ass. *ḳibišu* »sage ihm«, Zeile 8 dagegen dem sum. *ša-mu-un-ni-gu* ass. *ḳibišu-va* (*ki-bi-šuv-va*) »sage ihm und« entspricht.

1) Vgl. II R. 39, 14 ff. e. f:

(*ba-ab-bar*) [cuneiform]	*aṣû* »aufgehen«
(*gi-ig*) [cuneiform]	*êribu* »untergehen«
[cuneiform] (*ba-ab-ba-ra*) [cuneiform]	*ṣit šamši* »Sonnenaufgang«
[cuneiform] ([cuneiform]) [cuneiform] *gig (?)-ga*	*êrib šamši* »Sonnenuntergang«.

Die Glosse zu diesem letzteren [cuneiform] hat man bisher mit den gewöhnlichen Lautwerthen der beiden Zeichen *ku-ga* gelesen und dies als lautliche Umgestaltung von *gig-ga* aufgefasst; so Delitzsch, Assyr. Studien, S. 61. Das Richtigere scheint zu sein, für [cuneiform] den Lautwerth *gig* anzunehmen.

2) S^b^ 112 wird *guš-gi* »Gold«, ass. *ḫuraṣu* (hebr. חָרוּץ), *guš* - [cuneiform] geschrieben. Das Zeichen [cuneiform], welches im Assyrischen den Lautwerth *ḳi* hat, ist im Sumerischen *gi* zu lesen; da übrigens [cuneiform] auch den Lautwerth *kin* hat, so könnte man auch *guš-kin* lesen und *kin* bez. *gin* als ältere Form von *gi*, das allem Anschein nach erst aus *gin* abgeschwächt ist, fassen. Siehe hierüber Excurs I.

3) Statt *gušgi* sollte man im Hinblick auf *kubabbar* **ku-gi* erwarten; jedenfalls ist *gušgi* auch aus **kugi* entstanden. Das anlautende *g* in *guš-gi* gegenüber **ku-gi* macht keine Schwierigkeiten,

Wie ist nun aber 𒆬 𒌓 an unsrer Stelle zu lesen? *Kubabbar-ga*, wie Herr Lenormant ohne Bedenken transcribirt, ist entschieden falsch; das Silber muss vielmehr im Sumerischen, wie das auf 𒆬 𒌓 folgende *ga* zeigt, ausser *kubabbar* noch einen andern auf *g* auslautenden Namen geführt haben. Welcher dies war, ist unschwer zu ermitteln. Wir finden nämlich neben dem bestimmteren Compositum 𒆬 𒌓 auch das einfache 𒆬 in derselben Bedeutung; das Silber ist dadurch schlechthin als »das Glänzende« bezeichnet[1]. Vgl. z. B. II R. 12, 18 a. b, wo 𒆬 im Assyrischen durch *kaspi* wiedergegeben wird; II R. 13, 19 a. b: *nam-gabâni-šú* 𒆬 *nên-lal* = ass. *ana ipṭirišu ṣarpa iškul* »für seine Freilassung zahlte er Silber«[2]; II R. 13, 27 a. b, wo dem ass. *kaspišu* »sein Silber« im Sumerischen 𒆬*-ga-a-ni* entspricht; II R. 13, 44 c. d: 𒆬 *ni-lal-é ša šé ni*[3]*-aka-é* = ass. *kaspa išákal u šéam imádad* »Silber zahlt er und Getreide misst er«[4]. Bisher pflegte man dieses Ideogramm 𒆬 auch in der Bedeutung »Silber« *ku* zu lesen; damit lässt sich aber das darauffolgende *ga* nicht vereinigen. Sehr gut passt dies dagegen zu der andern gleichberechtigten Lesung *azag*. Ich glaube deshalb, dass zunächst II R. 13, 27 a 𒆬 *-ga-a-ni azag-ga-a-ni* (*azagâni*) zu lesen ist. An unsrer Stelle haben wir nun aber nicht das einfache 𒆬 (*azag*), sondern 𒆬 𒌓 (*kubabbar*), und trotzdem folgt als phonetisches Complement nicht *ra* (*kubabbar-ra*), sondern *ga*. Da *kubabbar-ga* unter keinen Umständen gelesen werden kann, so vermuthe ich, dass 𒆬 𒌓 *- ga* hier ebenso wie 𒆬 *- ga azag-ga* bez. *azaga* zu lesen ist.

Auf *azag-ga* folgt nun wieder die schon oben besprochene sumerische Postposition *ru* = ass. *ana* »zu, für«; *azag-ga-ru* würde hiernach im Assyrischen durch

---

da das Sumerische die Härtegrade der Consonanten im Anlaut geschlossener Sylben nicht streng unterscheidet: 𒉋 kann sowohl *bil* als *pil*, 𒊑 *dal* und *tal*, 𒃶 *gan* und *kan* gelesen werden. Wie dagegen das eingeschobene *š* zu erklären ist, weiss ich nicht; ich mache nur darauf aufmerksam, dass II R. 52, 68 g als Aussprache von 𒆠 𒌓 (*ki* + *lag̊*) *ki-is-lag̊* angegeben ist.

1) Auch *zabar* »Kupfer« bedeutet eigentlich nur »das Glänzende«. Wir ersehen dies aus dem interessanten sumerisch-assyrischen Wörterbuch II R. 24 No. 2 (vgl. das Duplicat II R. 33 No. 1), wo wir Z. 46—48 a. b lesen:

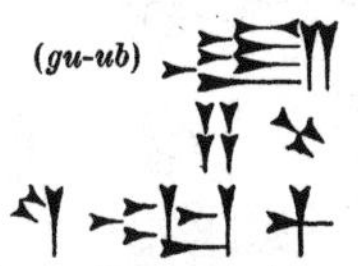

éllu
ébbu } »glänzend«
namru

Hier wird das nämliche Ideogramm, welches gemäss S^b 113 »Kupfer« ass. *siparru* (ein sumerisches Lehnwort) bedeutet und dann im Sumerischen *zabar* zu lesen ist, durch *namru* »glänzend« übersetzt. In den zusammenhängenden bilinguen Texten entspricht dem assyrischen Stamm *namáru* gewöhnlich die sumerische Wurzel *lag̊* (𒌓 oder 𒌓 geschrieben), während *éllu* und *ébbu* als Aequivalente des sum. *azag* (𒆬) und *él* (𒂖) erscheinen. — Bei dieser Gelegenheit will ich gleich bemerken, dass *namáru* im Assyrischen niemals »sehen«, sondern stets nur »glänzen, hell sein« bedeutet: Formen wie *innamir* (= **jan'amir*) »er wurde gesehen«, *immarû* (= **ja'ámarû*) »sie sehen« kommen nicht von *namáru*, sondern von *amáru*; »er sah« heisst *émur* (= *jémur* = *jâmur* = *ja'mur*), »er glänzte« aber *immir* (= **jammir* = **janmir*), ebenso »er möge sehen« *limur* (= **li-émur* = **lija'mur*), »er möge glänzen« dagegen *limmir* (= **li-immir* = **lijanmir*).

2) Vgl. S. 8 Paradigma No. 3.

3) So steht nach Delitzsch's Collation des Textes im Original.

4) Vgl. Friedrich Delitzsch, Assyrische Studien, S. 81 Anm. 1.

ana kaspi »für Silber« wiederzugeben sein. *Mi-nin*[1]*-si* endlich heisst, wie wir bereits S. 35 Anm. 1 zeigten, »er giebt ihn« ass. *inádin*[2] bez. *iddin.* »Er giebt ihn *ana kaspi* (*azagá-ru*)« kann nun aber doch keinesfalls »er giebt ihm Silber« heissen, sondern muss offenbar bedeuten: »er giebt ihn für Silber, giebt ihn für Silber oder Geld hin, verkauft ihn für Geld«.

Auf Grund der vorstehenden Analyse erhalten wir die folgende Uebersetzung des ersten Familiengesetzes:

»Für ewige Zeiten, für die Zukunft«. | Wenn ein Kind zu seinem Vater, | »mein Vater (du) nicht sein«, | zu ihm sagt; | (so) scheert er es, | Knechtesdienst er ihm auflegt, | und für Geld er es hingiebt«.

Dass diese Erklärung des Textes die richtige ist, zeigt zu allem Ueberflusse die beigefügte assyrische Uebersetzung, welche (Assyr. Lesestücke, S. 76) folgendermassen lautet:

A - na ma - tî - ma, a - na ar - ka - [at û - mî]

Für wann nur immer, für die Zukunft der Tage.

Šum - ma mâ - ru a - na a - [bi - šu]

Wenn ein Kind zu seinem Vater,

ul a - bî [at - ta]

»nicht mein Vater du«

iḳ - tá - [bî]

sagt,

---

1) In dem *I*-vocal von *nin* zeigt sich deutlich das Gesetz der Vocalharmonie. Neben *nin* kommen als incorporirtes Verbalrégime auch die Formen *nib, nab* und *nan* vor, niemals aber findet man *mi-nan* oder *mi-nab,* sondern stets nur *mi-nin* oder *mi-nib.* Vgl. zu *mi-nin*: II R. 9, 12. 46 c. 10, 12. 16. 18 c. 13, 3. 11. 15. 23 a. IV R. 4, 11 b. 5, 35 a. 14 No. 1 Rev. 3. 18, 17. 21 a. 20 No. 2, 7 u. s. w.; zu *mi-nib*: II R. 9, 37 c. 10, 19 c. 15, 13 a. Sm. 954 Obv. 7 u. s. w. — Beiläufig bemerkt, scheint mir *im-man* und *im-min* durch progressive Assimilation aus *im-nan* und *im-nin* entstanden zu sein; *ši-im-ma-an-si* »er erbarmte sich seiner« ass. *ippalissu* (= **janpalissu*) wäre dann eigentlich »Auge (*ši*) er (*im*) auf ihn (*nan*) warf (*si*)«.

2) Dass der assyrische Stamm *nadánu* »geben« mit dem hebr. נתן identisch ist, kann keinen Augenblick zweifelhaft sein; daraus folgt aber noch nicht, dass hier ein sporadischer Lautwandel vorliege oder, wie die Semitisten zu sagen pflegen, eine selten vorkommende »Verwechselung« (sic!) der »Buchstaben« (sic!) *d* und *t*. Das tönende *d* des Assyrischen gegenüber dem tonlosen *t* des Hebräischen ist durch die beiden benachbarten Nasale hervorgerufen. Diese Assimilation des *t* an einen benachbarten Nasal lässt sich im Assyrischen mehrfach belegen. Wir finden z. B. statt *amtáhiṣ* »ich kämpfte« *amdáhiṣ*, statt *tamti* »Meer« *tamdi*, statt *ṣalamtu* »schwarz« *ṣalamdu*, statt *sinuntu* »Schwalbe« *sinundu* u. s. w. Dies weist darauf hin, dass im Assyrischen die Lautgruppen *mt* und *nt* in *md* und *nd* übergingen. Selbstverständlich erscheint dieses Lautgesetz, welches in der lebendigen Sprache jedenfalls streng durchgeführt war, bei der plumpen Schriftart der Assyrer in vielen Fällen durchbrochen, so dass wir nur aus vereinzelten Spuren seine Existenz erschliessen können.

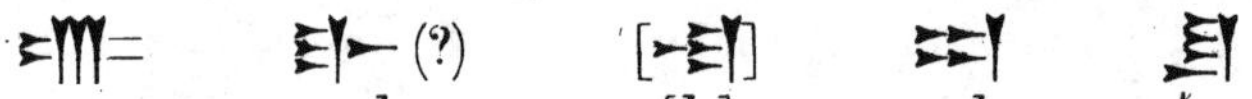

u - gal - [la] - ab - šu

so scheert er es,

ab - bu - [ut] - tum i - iš - ak - kan - šu

Knechtesdienst er ihm auflegt,

[u] a - na kaspi i - nam - din - šu

und für Geld er es hingiebt.

Zu lesen ist dieser assyrische Text: *Ana matíma, ana arkat úmí. Šumma máru ana abišu* »*ul abí atta*« *iktábí, ugallabšu, abuttum išákanšu u ana kaspi inádinšu.* Das wäre in semitischer Transcription:

أن منى ما أن وركة يومى

شمّ مار أن أبش أل أبى أنت يقطبع يجلّبش عبودة يشكنش و أن كسف يندنش.

Excurse.

I.

Das Verklingen auslautender Consonanten im Sumerischen.

a) Verklingen eines auslautenden *d*.

1) Schon oben S. 21 wurde erwähnt, dass *u* »Tag« aus der ursprünglichen Form *ud*, mit Verlängerungsvocal *uda* (geschrieben *ud* + *da*), abgeschwächt ist.

2) Ebenso finden wir neben *ad* bez. *ada* (*ad* + *da*) »Vater« in der gleichen Bedeutung auch 𒀀 (*a*), z. B. II R. 31 No. 2, 28 c. d, wo 𒀀 durch ass. *abu* übersetzt wird; ferner IV R. 14 No. 1 Obv. 7/8, wo 𒀀 in der assyrischen Interlinearübersetzung durch *abi* »Vater« wiedergegeben wird; ebenso IV R. 7, 39 a, wo dem ass. *lû arrat abišu* »wahrlich der Fluch seines Vaters« im Sumerischen *aš* 𒀀*-ni ĝê-mê-a* entspricht. Ohne Zweifel ist 𒀀, welches als Ideogramm »Wasser« ass. *mû, mê* bedeutet, in diesen Fällen nicht als Ideogramm, sondern als phonetische Schreibung der abgeschwächten Aussprache von 𒀜 zu fassen. Wie bereits S. 18 Anm. 8 bemerkt wurde, findet sich für 𒀀 »Vater« meist 𒀀𒀀 geschrieben[1].

1) Da 𒀜 (*ad*) mit Abwerfung des auslautenden Consonanten im Sumerischen *a* gesprochen wurde, so erhielt das Zeichen auch im Assyrischen neben *ad* den Lautwerth *a*; vgl. IV R. 9, 11/12 b: 𒌋*-ê an-na na-ak-*𒌋*-ê, ki-a na-ak-nir-ra dim-mê-ir šêšâ-zu-ta gab-ri nu-tuk-a-an* »O Herr, im Himmel an Herrschaft, auf Erden an Führerschaft unter den Göttern, deinen Brüdern, einen Rivalen nicht

3) *Mad* bez. *mada*[1], woraus ass. *mâtum*, aram. מָתָא entstanden ist, heisst im Sumerischen »Land«. Neben *mad* findet sich aber auch das daraus abgeschwächte *ma* in derselben Bedeutung, vgl. II R. 39, 11. 12 c. d.

4) Abschwächung eines auslautenden *d* zeigt ferner die Wurzel [Keilschriftzeichen] »nennen, rufen, beschwören«. Diese muss, wie eine grosse Anzahl von Stellen[2] an die Hand giebt, einen auf *d* auslautenden Lautwerth gehabt haben. Die Glosse II R. 7, 36 g giebt aber ausdrücklich an, dass [Keilschriftzeichen] in diesen Bedeutungen *pa* (nicht *pâ*!) zu lesen sei. Daraus folgt, dass *pa* die abgeschwächte Aussprache von *pad* ist. Nun wird auch auf einmal klar, wie die sumerischen Verbalformen *in*-[Keilschriftzeichen] [Keilschriftzeichen] »er nennt« ass. *izâkar*, *in*-[Keilschriftzeichen] [Keilschriftzeichen]-*nê* »sie nennen« ass. *izâkarû*, *in*-[Keilschriftzeichen] [Keilschriftzeichen]-*éš* »sie nannten« ass. *izkurû* zu lesen sind: [Keilschriftzeichen] ist hier nicht als *nê*, sondern mit seinem andern, durch S^a II, 24 bezeugten Lautwerth als *dê* zu fassen, also *in-pad-dê*, *in-pad-dê-nê*, *in-pad-dê-éš*[3]! Wäre *pa* die eigentliche Wurzelform, so wäre das [Keilschriftzeichen] nicht zu erklären.

5) Zweifelhaft ist, ob die Aussprache *su* von [Keilschriftzeichen] »besprengen« als eine Abschwächung von *šud*, dem gewöhnlichen Lautwerth dieses Zeichens im Assyrischen, anzusehen ist. Die Verschiedenheit der anlautenden Zischlaute würde nicht schwer in die Wagschale fallen — wird doch [Keilschriftzeichen] S^a II, 38 durch *su-ur*, S^b 1 Obv. 24 durch *šu-ur* erklärt —, indess kenne ich keine Stelle, an welcher auf [Keilschriftzeichen] in der Bedeutung »besprengen, werfen« ass. *salâḫu*, *zarâḳu*[4], *arû* (= **varâvu*, vgl. äth. *varâva*) ein *da* folgte; [Keilschriftzeichen]-*da* hat in den mir gegenwärtigen Fällen stets nur die

---

hast du« ass. *bêlum ina šamê bêlûtam, ina irṣitim êbêlûtam ina ilâni aḫika maḫiri ul tîšî* (= **tajâšî*). Hier ist das dem sumerischen *šêšâzu* »deine Brüder« entsprechende *aḫîka* [Keilschriftzeichen]-*ḫi-ka* d. i. *a-ḫi-ka* geschrieben. Schrader, Höllenfahrt der Istar, S. 106, bemerkt hierzu: »Deutlich ist hier AT Ideogramm und *ḫi* phonetische Ergänzung«; aber [Keilschriftzeichen] bedeutet ja als Ideogramm nie und nirgends *aḫu* »Bruder«. [Keilschriftzeichen] hat eben neben *ad* auch den Lautwerth *a*, ebenso wie [Keilschriftzeichen] die Lautwerthe *ud* und *u* hat. Auch in Zeile 39 a ebenjenes Hymnus ist *aḫîšu* »seine Brüder« [Keilschriftzeichen]-*ḫi-šu* geschrieben.

1) Dieses sum. *mada* »Land« steckt auch in dem Namen Medien, hebr. מָדַי, das mit skrt. *madhya* nichts zu schaffen hat. Vgl. George Smith's Chaldäische Genesis, S. 290.

2) Vgl. II R. 7, 23 c. 50 g. 9, 32 c. 17, 32 c. 18, 62 c. 48, 45 g. IV R. 9, 36. 57. 60 a. 7 b. 24, 23 a. 20, 15 b u. s. w. u. s. w.

3) Wenn *in-pad-ê* »er nennt« (vgl. *in-lal-ê* S. 7) *in-pad-dê* geschrieben wird, so ist dies natürlich ebenso aufzufassen wie die Schreibung *ad-da* für *ada* »Vater« (S. 24). Diese graphische Wiederholung des auslautenden Wurzelconsonanten vor der Präsenspartikel *ê* und der Pluralendung *êš* ist ziemlich häufig. So schreibt man z. B. *ba-ab-dub-bi* (*bab-dub-ê*) »er umgiebt« ass. *ilâvî* (= **jalâvaj*); *ba-an-dib-bi-éš* (*ban-dib-éš*) oder *mu-un-dib-bi-éš* (*mun-dib-éš*) »sie packten« ass. *iṣbatû*; *ba-da-an-dib-dib-bi-nê* (*ba-dan-dibdib-ênê*) = ass. *i-bar-rum* (lies *ibârû* IV R. 27, 14/15 b, vgl. II R. 29, 33 g. h. 48, 51—53 e. f. 34—36 g. h); *nê-in-dug-gi* (*nên-dug-ê*) »er macht gut« ass. *uṭâb* (= **juṭajjab*), *nên-dug-gê-nê* »sie machen gut« ass. *uṭâbû*, *nên-dug-gê-éš* »sie machten gut« ass. *uṭibû* (= **juṭajjibû*); *in-sar-rê* »er schreibt« ass. *išâṭar*, *in-sar-rê-éš* »sie schrieben« ass. *išṭurû*; *in-kur-rê* »er ändert« ass. *unakkar*, *in-kur-rê-nê* »sie ändern« ass. *unakrû* (= **junakkarû*, vgl. *ugalbû* »sie scheeren« = **jugallabû*); *gên-bur-rê* »er wurde gelöst« ass. *lippašir*; *in-gar-rê* »er macht« ass. *išâkan*, *in-gar-rê-nê* »sie machen« ass. *išâkanû*, *in-gar-rê-éš* oder *mi-nin-gar-rê-éš* »sie machten« ass. *iškunû*; *in-na-ab-gur-rê* »er giebt ihm zurück« ass. *utâršu* (= **jutavvaršu*) u. a. m.

4) Vgl. IV R. 13, 55 b, wo *ša-mê-ni-su* durch *zi-ri-[iḳ-va]* »besprenge und« übersetzt ist.

Bedeutung »fern« ass. *rûḳu* (= **ru'ḳu* = **ruḥḳu*, vgl. äth. *rĕḥûḳ* »longinquus«), z. B. IV R. 13, 22/23 a: [cuneiform] *u-šud-da* = ass. *ûmî rûḳûti* »ferne Tage«.

6) Wenn Delitzsch's an sich sehr naheliegende Ergänzungen in S[a] III, 47. 48 und S[b] 96 richtig sind, so würde ein sechstes Beispiel für das Verklingen eines auslautenden *d* darin zu finden sein, dass [cuneiform], das bekannte Ideogramm für *alpu* »Stier«, die beiden Lautwerthe *gud* und *gu* hat. Dass der Name des Stiers im Sumerischen auf *d* auslautete, zeigt II R. 16, 28 b. c: [cuneiform] - *da* = *alpi*.

b) Verklingen eines auslautenden *g*.

7) [cuneiform] »Herz« ass. *libbu* ist nach S[b] 55 im Sumerischen *ša* (nicht *šá*!) zu lesen; »sein Herz« ass. *libbišu* heisst aber nicht *ša-ni*, sondern [cuneiform] - *ga-a-ni*, wie überhaupt [cuneiform] mit Verlängerungsvocal stets [cuneiform] - *ga* geschrieben wird. Hieraus ist ersichtlich, dass die ursprüngliche Gestalt dieser Wurzel nicht *ša*, sondern *šag* und [cuneiform] - *ga* demnach *šag-ga* zu transcribiren ist.

8) Die gleiche Erscheinung, dass auslautendes wurzelhaftes *g* verklingt, vor einem antretenden Suffixum aber wieder zum Vorschein kommt oder vielmehr sich erhält, zeigt sich bei der Wurzel *šag* »gnädig, günstig sein« ass. *damâḳu*. S[b] 1 Rev. 22 giebt nämlich an, dass [cuneiform] in der Bedeutung »gnädig sein« im Sumerischen *ša* zu lesen sei, »die gnädige Hand« ass. *ḳatum damḳatum* heisst aber stets *šu* [cuneiform] - *ga*. Dies zeigt, dass *ša* erst aus *šag* abgeschwächt und [cuneiform] - *ga* demgemäss ebenfalls *šag-ga* zu umschreiben ist.

9) Ein Synonym von [cuneiform] ist [cuneiform]. Auch diese Wurzel muss, wie zahllose Stellen des II. und IV. Bandes an die Hand geben, auf *g* ausgelautet haben. Nach S[a] 2, 3 hätte [cuneiform], womit [cuneiform] offenbar identisch ist, den Lautwerth *ša*, falls nämlich Delitzsch's scharfsinnige Vermuthung richtig ist. Auch bei dieser Wurzel würde dann *šag* als ursprüngliche Form anzusehen sein.

10) [cuneiform] hat gemäss II R. 7, 33 e und andern Stellen den Lautwerth *dug*; dagegen zeigen Stellen wie S[a] II, 34. II R. 20, 24 a. 32, 17 g, dass es auch *du* gesprochen wurde. Dieses *du* ist, wie besonders aus der zuletzt genannten Stelle hervorgeht, nur durch Verklingen des auslautenden *g* aus *dug* entstanden.

11) Dieselbe Abschwächung findet sich auch bei der andern Wurzel *dug*, geschrieben [cuneiform], welche »gut sein« ass. *ṭâbu* bedeutet; II R. 55, 35 a zeigt nämlich, dass [cuneiform] auch *du* gelesen wurde.

12) Eine Vergleichung von II R. 48, 19—21 g. h. II R. 35, 69 g. h[1]. IV R. 10, 43/44 b[2], wozu noch andere Stellen hinzukommen, macht es höchst wahrscheinlich, dass das [cuneiform] (*si*), welches II R. 48, 20 g. h durch ass. *ênišu* »schwach« (أنث) übersetzt wird, phonetische Schreibung der abgeschwächten Form von [cuneiform] (*sig*) bez. [cuneiform] (*sig*) ist.

1) *Tu-ba šu-nu-si-ga* = ass. *ṣubatsa lâ išḫuṭu*.

2) »Meine vielen Missethaten zerreisse wie ein Kleid«, ass. *ḫablâtû'a ma'dâti kima ṣubati šuḫuṭ*, sum. *tu-dim mu-un-sig-sig-ga* (*mun-sigsiga*).

13) S^b 150 giebt an, dass »Nacht« ass. *mušu*[1] (vgl. äth. *mĕsét* »Abend«) im Sumerischen *gi-é* d. i. *gé* bez. *gi* zu lesen sei; II R. 39, 15 e. f aber hat , das hier durch ass. *éribu* »Untergang, Sonnenuntergang« übersetzt wird, die Glosse *gi-ig* — *gi* »Nacht« giebt sich hierdurch als aus ursprünglicherem *gig*[2] abgeschwächt.

c) Verklingen eines auslautenden *ǵ, b, l, š* und *r*.

14) Wie bei *g* zeigt sich diese Erscheinung auch bei dem verwandten Spiranten *ǵ* (γ). Wir finden z. B. II R. 6, 16 c bei die Glosse *nita*, während gleich auf der nächsten Seite, Zeile 5 c, angegeben wird, dass »Mann« ass. *zikaru* im Sumerischen *nitaǵ* zu sprechen sei. Die abgeschwächte Aussprache *nita* nahm weiterhin so überhand, dass in den assyrischen Texten mit dem Lautwerth *nit* erscheint, welcher mit falscher Analogie Zeichen wie (*sila*), (*siba*) u. s. w. nachgebildet ist. Vgl. S. 29 Anm. 4.

15) S^b 88 schreibt für das Ideogramm in der Bedeutung »Mitte« ass. *ḳablu* die sumerische Aussprache *muru* vor, das babylonische Duplicat F. 1, 9 dagegen die Aussprache *murub*. Hier hat also das ältere Exemplar auch noch die ursprünglichere Aussprache erhalten.

16) »Feuer« oder »Verbrennung« wurde im Sumerischen, wie die Glosse zu II R. 24, 57 e. f zeigt, *pil* gelesen, S^a II, 25. 26 führt aber neben *pil* auch den Lautwerth *pi* auf. Dieses jedenfalls doch nur durch Verklingen des auslautenden *l* aus *pil* entstandene *pi* wird hier also ebenso als besonderer Lautwerth aufgeführt, wie *du* S^a II, 34 als Lautwerth von (*dug*), *gu* S^a III, 47 als Lautwerth von (*gud*), *u* S^a 2, 10 als Lautwerth von (*ud*).

17) Da sowohl *éš* (S^b 189) als *é* (S^b 232) »Haus« ass. *bîtum* bedeutet, so ist die Möglichkeit nicht ausgeschlossen, dass *é* aus *éš* abgeschwächt ist.

18) Ebenso könnte man auf den Gedanken kommen, dass (*ku*) »ruhen« ass. *nâḫu* nur die p h o n e t i s c h e S c h r e i b u n g der abgeschwächten Aussprache von (*kuš*) repräsentirt. Für sicher halte ich die beiden letzteren Fälle freilich nicht.

---

1) Vgl. George Smith's Chaldäische Genesis, S. 318.

2) Vgl. IV R. 19, 58/59 b: *u-gig-ga* »Tag und Nacht« = ass. *mušam u urri* »Nacht und Tag«; *gig-gig-ga* = *iklitu* »Finsterniss« IV R. 30, 30/31 b; *gig-gig-ga láǵ-ga-ab* »die Finsterniss erleuchtend« ass. *munammir ikliti* IV R. 26, 41/42 a; *Gibil pilá-zu él-la laǵ-laǵ-ga é gig-gig-ga láǵa ab-ga-ga* »o Feuergott, mit deinem leuchtenden, glänzenden Feuer machest du Licht im Hause der Finsterniss« ass. *Gibil ina išâtika éllîti ina bît ikliti nûra tašákan* IV R. 14 No. 2 Rev. 10—13. — Beiläufig bemerkt ist ass. *iklitum* »Finsterniss« aus **aklatum* bez. **ḥaklatum* entstanden, ebenso wie **arṣ₁ulum* »Erde« zu *irṣilum* wird; ferner ist *iš₁âtum* »Feuer«, nicht wie man bisher allgemein annahm, Plural, sondern Singular, genau entsprechend dem äthiopischen *'ĕsât*, syr. ܐܫܬܐ.

3) Die zum Theil abgebrochene assyrische Columne ist im Hinblick auf S^b 42 zu *ḳa-[lu-u]* bez. (Zeile 59) zu *ḳi-lú-[tum]* zu ergänzen; *ḳalú* »verbrennen« ist = **ḳalá'u* = **ḳalávu*, vgl. äth. *ḳaláva* »torruit, frixit«, *kilûtum* »Verbrennung« dagegen = **kilavtum*, ebenso wie *ḥidûtum* »Freude« (sum. *ǵul*, S^b 47) vom Stamme *ḥadâva* (vgl. aram. חדוא, חדותא) = **ḥidavtum* ist. Neben *ḳalû* hat das Assyrische in derselben Bedeutung auch den Stamm *ḳamû* (nicht *kamû*!), vgl. z. B. IV R. 7, 6. 16. 26. 36. 46. 56 b: *ina ûmi anni išâtum ḳamû* (*ḳa-mu-u*) *liḳmi* »an diesem Tage möge das brennende Feuer ihn verbrennen«. Die Zusammenstellung dieses *ḳamû* mit dem hebr. כוה ist durchaus unstatthaft.

19) Verklingen eines auslautenden *r* lässt sich bei der Wurzel *tu* »eintreten«, welche sicherlich aus älterem *tur* abgeschwächt ist, nachweisen. Dass 𒆭 in der Bedeutung »eintreten« ass. *éribu* seinen gewöhnlichen Lautwerth *tu* hat, lehrt S^b 2, 2. Nun finden wir aber Sm. 954 Obv. 9/10 𒆭 𒆭 *-ra-zu-nê* = ass. *ina êribiki* »bei deinem Eintreten«, II R. 13, 40 a. b *é-a-ni-šú ba-ab*-𒆭-*rê* = *ina bîtišu irub* »in sein Haus tritt er ein«, endlich II R. 9, 33 c. d 𒆭-*ra* = *šûrub*. Daraus geht hervor, dass *tu* ursprünglich *tur* gelautet haben muss, was glänzend dadurch bestätigt wird, dass 𒆭 neben *tu* gemäss der Glosse II R. 55, 16 a auch den Lautwerth *tur* hat.

d) Verklingen eines auslautenden *n*.

20) S^b 153 giebt an, dass »leben« ass. *baláṭu* im Sumerischen *tin*, geschrieben 𒁷, heisst, »er mache ihn lebendig« ass. *liballiṭsu*[1] (= **lijuballiṭšu*) lautet aber II R. 18, 56 a. b nicht *ĝén-nan-tin*, sondern *ĝén-nan-ti*. Neben *tin* und *ti* findet sich auch die Form *til* in derselben Bedeutung, man könnte daher *ti* auch als Abschwächung von *til* betrachten. Eingehender behandelt diese drei Formen Franç. Lenormant, ESC. pag. 95—115.

21) Ein *n* ist auch abgefallen in 𒌓𒁺[2] »herausgehen« ass. *aṣû* (= **vaṣ₃á'u*[3]). Nach S^b 84 ist diese Wurzel *ê* zu lesen. Nun finden wir aber z. B. II R. 11, 10

---

1) Wer sich streng an die Lautgesetze hält, wird die zuerst von Friedrich Delitzsch (Assyr. Studien, S. 20 Anm. 1) aufgestellte Vergleichung des ass. *baláṭu* »leben« mit hebr. פלט »entwischen« bez. »am Leben bleiben« kaum billigen.

2) Meistens wird diese Wurzel im *Ra*- oder *Ta*-stamm gebraucht, vgl. IV R. 11, 35/36 a. II R. 11, 7 a. b: *ba-ra-ê* »er ging heraus« ass. *ittáṣi*; II R. 18, 42 a. b: *Utuk ĝul ĝa-ba-ra-ê* »der böse Dämon gehe heraus« ass. *Utukku limnu liṣi* (= **li-úṣi* = **lijavṣ₃i'*); IV R. 27, 12/13 b: *du ê-adâni-ta ba-ra-ê-nê* (statt *ba-ra-ê-ê-nê*, vgl. *in-lal-ê-nê* S. 7) »das Kind aus dem Hause des Vaters führen sie heraus« ass. *mâra ina bît abišu ušêṣû* (Praesens, = **ušêṣa'û*); — IV R. 16, 50/51 a: *ê ki nu-ta-ê ĝê-nib-tu-tû-nê* »in das Haus, den Ort ohne Ausgang, sollen sie ihn hineinbringen« ass. *ana bîti ašar lâ aṣî lišêribûšu*; IV R. 22, 51/52 a: *mu-ta-ê* »er ist herausgekommen« ass. *ittáṣâ* (= **ittáṣi'a*, Form *jaktátila*); II R. 26, 8 g. h: *ĝên-ta-ê* »er gehe heraus« ass. *lûṣi* (= **lûjavṣ₃i'*); II R. 15, 8 a. b: *ib-ta-an-ê* »er führte heraus« ass. *ušêṣi*.

3) Dass die Stämme *aṣû* »herausgehen«, *aládu* »gebären«, *ašábu* »wohnen«, *arádu* »herabsteigen«, *idû* »wissen« u. s. w. auch im Assyrischen, ebenso wie im Aethiopischen und Arabischen, Stämme פ״ו bez. פ״י sind, lehren Formen wie *ûridu* (= **jûridu* = **javridu*) »er stieg hinab«, *ûbila* (= **javbila*) »er brachte«, *tûšibu* (= **tavš₁ibu*) »sie wohnte«, *ûṣûni* (= **javṣ₃i'ûni*) »sie kamen heraus«. Von Stämmen פ״א, also ארד, אבל, אשׁב, אצא, müssten diese Formen **êridu*, **êbila*, **têšibu*, **êṣûni* lauten, ebenso wie »sie assen« *êkulû*, er schloss ein« *êsir* (= **jêsir* = **jâsir* = **ja'sir*), »er sah« *êmur* heisst. Wie könnte ferner »du weisst« *tîdî* lauten, wenn *idû* auf einen Stamm אדע und nicht vielmehr auf የዲዐ፡ zurückginge! Dass der Infinitiv von ولد im Assyrischen nicht **valádu*, sondern *aládu* lautet, beruht darauf, dass nach assyrischen Lautgesetzen a n l a u t e n d e s *v* abgeworfen wird; es liegt hier also kein spontaner, sondern nur ein combinatorischer Lautwandel vor. Sind aber die in Rede stehenden Stämme n i c h t Stämme פ״א, sondern Stämme פ״ו bez. פ״י, so war es auch durchaus falsch, wenn man sie in den assyrischen Glossarien bislang mit unter א aufführte (auf die Nomina *arkatu* »Hinterseite«, *idu* »Hand« findet das Gesagte ebenfalls Anwendung). Vollkommen berechtigt ist man dagegen, alle im Arabischen mit ه, ح, ع und غ anlautenden Stämme im Assyrischen ohne Ausnahme unter א anzusetzen. Will man dies nicht, so mag *abu* »Vater« unter א₁,

a. b: [*é*]-*ta ba-ra* - -*né*[1] »aus dem Hause geht er hinaus« ass. *ina bîti ittâṣî*, ebenso IV R. 14 No. 2 Rev. 1/2: -*na ki-azagâ-šú ga-ba-nib* - -*nê* »der Fluch in die Wüste, an einen reinen Ort gehe er hinaus« ass. *mâmît ana ṣêri ašri êlli littâṣî*. Die ursprüngliche Wurzelform wird also wohl *én*[2] sein.

22) Auch die Wurzel *gi* (oder geschrieben), welche in Excurs III ausführlicher besprochen werden soll, scheint aus *gin* abgeschwächt zu sein. Der Grundbegriff dieser Wurzel ist »drehen, wenden, biegen«, davon *gi* »das (biegsame) Rohr«; siehe IV R. 3, 5 a. 6, 39 b. 19, 54 b und a. St. Daraus entwickelt sich dann die Bedeutung »senden, schicken«[3]; so entspricht dem ass. *lâ uma'irû* (= **jumahhirû*) II R. 19, 25/26. 29/30 a im Sumerischen *nu-um-ma-ši-in-gi* (). Nun finden wir aber IV R. 17, 40/41 a: *én-ê mal-ê mu-un-ši-in-gi-én* (, lies *mun-šin-gin*[4]) »der Herr hat mich gesandt« ass. *bêlum jâti išpurâni*. Ferner heisst »die Sendung« ass. *šiprum* im Sumerischen gemäss S^b 273 *kin*[5], geschrieben . Daraus folgt, dass *gi* »wenden« aus älterem *gin*[6] abgeschwächt ist. Nachdem so für »Rohr« *gin* als ursprüngliche Form festgestellt ist, unterliegt es für mich nicht dem geringsten Zweifel, dass das assyrische *ḳanu*[7] »Rohr« (hebr. קָנֶה), das im Semitischen keine Etymologie hat, ein sumerisches Lehnwort ist[8].

---

aláku »gehen« unter $א_2$, *imêru* »Esel« unter $א_3$, *atûdu* »Ziegenbock« unter $א_4$, *aribu* »Rabe« unter $א_5$ gestellt werden. In diesem Falle darf aber auch *š₁algu* »Schnee«, *š₂aptu* »Lippe«, *š₃amû* »Himmel«, desgleichen *ṣ₁abîtum* »Gazelle«, *ṣ₂êru* »Wüste«, *ṣ₃ênu* »Kleinvieh« u. s. w. nicht unter einem Laute vereinigt werden. Vom sprachwissenschaftlichen Standpunkt aus wird daher der assyrische Wortschatz unter folgendes Alphabet geordnet werden müssen: $א_1$ (א), $א_2$ (ה), $א_3$ (ح), $א_4$ (ع), $א_5$ (غ), *b*, *g*, *d*, *v*, z_1 (ذ), z_2 (ز), *ḫ* (خ), *ṭ*, *j*, *k*, *l*, *m*, *n*, *s*, *p*, $ṣ_1$ (ظ), $ṣ_2$ (ص), $ṣ_3$ (ض), *ḳ*; *r*, $š_1$ (ث), $š_2$ (ش), $š_3$ (syr. ܣ, arab. س), *t*.

1) Vgl. S. 45 Anm. 3.

2) Es liegt nahe, das bekannte Wort *én* »Beschwörungsformel« ass. *šiptum* mit dieser Wurzel zu combiniren, wäre dann eigentlich »Austreibung«. Die meisten sumerisch-assyrischen Beschwörungsformeln beschäftigen sich ja mit Austreibung des Fluches; fast in jeder findet sich auch am Schlusse die Wendung: *mâmît littâṣi* »der Fluch gehe heraus« sum. *ga-ba-ra-é*.

3) Auf das Zurückwenden der Rede übertragen, bedeutet *gi* bez. *gigi* »antworten«, z. B. *ib-gi-gi* »er antwortete« ass. *ibbal* II R. 40, 32 g. h; *in-na-ab-gi-gi* (*in-nab-gigi*) oder *mu-un-na-ni-ib-gi-gi* (*munna-nib-gigi*) »er antwortete ihm« ass. *ibbalšu* II R. 11, 14 a. b. IV R. 7, 24/25 a und öfter. Endlich heisst *gigi* auch »wiederherstellen«, z. B. IV R. 7, 22/23 a. 22, 54/55 a: *ana ib-ag lu-bi? nun-zu* (var. ohne Verbalpräfix *nu-zu*) *ana ba-nib-gigi* »was soll er thun, dieser Mensch? nicht weiss ich, was ihn wiederherstellen kann«. Die assyrische Interlinearübersetzung dieser Zeile siehe oben S. 14 Anm. 1. Statt *lu-bi* »dieser Mensch« steht übrigens im Londoner Inschriftenwerk *a-na-bi*. Dies ist indess offenbar nur ein durch das vorausgehende und folgende *ana* hervorgerufenes Versehen, das entweder auf Smith oder schon auf den assyrischen Schreiber zurückgeht.

4) Im Sumerischen kann *gin* sowohl *gi-in* als auch *gi-én* geschrieben werden, ebenso findet man neben *ki-in-gi* (*kingi*) »Land« auch die Schreibung *ki-én-gi*; vgl. Schriftt. No. 254, George Smith's Chald. Genesis, S. 289.

5) Dass die Media und Tenuis im Aulaut geschlossener Sylben nicht scharf auseinandergehalten wird, habe ich schon erwähnt.

6) Mit diesem *gin* »senden« ist die Wurzel *gin* »gehen« (geschrieben S^c 282) offenbar eng verwandt.

7) Sum. *g* wird im Assyrischen häufig zu *ḳ* verhärtet: *gu* wird zu *ḳu* (II R. 33, 73 a. b)

e) Verklingen eines auslautenden *m*.

23) Das Zeichen hat im Assyrischen gewöhnlich den Lautwerth *ṣu*, S^a IV, 10 dagegen nennt als Lautwerth *ṣum*. Spuren dieser ursprünglichen Aussprache lassen sich auch noch im Assyrischen nachweisen; siehe Delitzsch, Anmerkk. zur Schriftt. No. 290.

24) In den assyrischen Texten hat den Lautwerth *ḳu*, S^a IV, 13 und S^b 206 aber zeigt, dass die ältere Form *ḳum* (bez. sum. *gum*) war.

25) Umgekehrt hat in den assyrischen Texten gewöhnlich den Lautwerth *rum*, während S^a 2, 6 als Aussprache *ru* angiebt.

26) Dieselbe Abschwächung zeigt die bekannte Wurzel »geben« ass. *nadânu*. Die Zeichensammlungen geben an, dass diese Wurzel *si* zu lesen sei; die Verbalbildungen führen aber darauf, dass die ursprüngliche Form nicht *si*, sondern *sim* war. So heisst z. B. »sie gaben« ass. *iddinû* (= **jandinû*) nicht **in-si-êš*, sondern *in--mu-uš*; »er giebt«, »sie geben« ass. *inádin*, *inádinû* nicht **in-si-ê*, **in-si-ê-nê*, sondern *in--mu*, *in--mû-nê*. Diese Formen sind *in-sim-mu-uš*, *in-sim-mu*, *in-sim-mû-nê* zu transcribiren und *in-sim-uš*, *in-sim-u*, *in-sim-û-nê* zu lesen. Dies hat im Wesentlichen schon Lenormant, ESC. pag. 105 ff., richtig erkannt.

27) An eben dieser Stelle hat der genannte Gelehrte auch überzeugend dargethan, dass *du* »Kind« ass. *mârum* aus älterem *dum*, mit Verlängerungsvocal *duma* (oder mit Vocalharmonie *dumu*) abgeschwächt ist.

28) S^b 91 zeigt, dass »bewässern«, eine Wurzel, die wir bei der Erklärung des letzten Familiengesetzes eingehend behandeln werden, *di-ê* gelesen wurde. Dasselbe lehrt auch eine grosse Anzahl von Glossen im II. Bande — überall wird als Aussprache *dê* bez. *di* angegeben. Nur das alte babylonische Duplicat zu S^b, F 1, 12 sagt, dass *dim* zu sprechen sei, hat also ebenso wie bei No. 15 die alterthümlichere Aussprache noch erhalten. Es ist dies die einzige Stelle, wo der ursprüngliche consonantische Wurzelauslaut bewahrt ist. Die Aussprache *dê* oder *di* ist sonst so durchgedrungen, dass z. B. »er bewässert« ass. *išáḳi*[1] (= **jaš$_3$áḳaj*) nicht **ib-tan-dim-mu* (wie *in-sim-mu* »er giebt«), sondern *ib-tan-dê-ê* lautet; siehe Glossar.

---

bez. *ḳi* (IV R. 22, 28/29 a) und *ḳa* (IV R. 5, 30/31 c. 6, 11/12 a. 8, 30/31. 42/43 b), *sag* zu *šaḳû* u. s. w. Zu dem im Assyrischen auftretenden *a* in *ḳanu* vgl. sum. *ibil* »Sohn«, ass. *abal*, *ablu*.

8) Nun erklärt sich auch sehr einfach, wie zu seinen beiden Lautwerthen *gi* (bez. ass. *ḳi*) und *kin* kommt.

1) Das Assyrische besitzt zwei Stämme *šaḳû*. Der eine, welcher nach assyrischen Lautgesetzen aus **š$_3$aḳáju* entstanden ist und dem äth. *saḳája*, arab. سقى entspricht, bedeutet »bewässern«, z. B. *šaḳû ša iḳli* (= *ḥaḳli*) »bewässern, vom Felde gesagt«, sum. *dê*, *adêa* oder *aduga* II R. 30, 13. 14. 15 a. b. Von diesem *šaḳû* stammt *šiḳitum* »die Bewässerung«, welches aus **š$_3$iḳajtum* entstanden ist, ebenso wie **ṣ$_1$abajtum* »Gazelle« zu *ṣabitum* wird. Der andre Stamm *šaḳû* aber bedeutet »hoch sein, erheben« und erscheint deshalb als Synonym von *našû* (= **naš$_2$á'u*); so wird z. B. das sum. *saga ili* »das Haupt erheben« II R. 26, 59 c. d durch *našû ša rêši*, II R. 30, 3 a. b aber durch *šaḳû ša rêši* übersetzt. Dieses *šaḳû* ist nicht semitischen Ursprungs und etwa mit aram. סְלֵק, neusyr. ܣܠܩ »hinaufsteigen« zu combiniren, obwohl Lenormant (ESC. pag. 4) diese Vergleichung für »excellent« hält, vielmehr ein sumerisches Lehnwort, entstanden aus dem sum. *saga* »Haupt, Spitze«.

29) Zum Schluss will ich noch ein interessantes Beispiel anführen, das man bisher nicht richtig aufgefasst hat. Es ist bekannt, dass dem assyrischen [cuneiform] im Sumerischen [cuneiform] entspricht[1]. Nun lesen wir aber IV R. 2, 5/6 b: *zi* [cuneiform] *dingir galgal-ênê ǵé-pa* = ass. *niš* [cuneiform] *ilâni rabûti lûtamâta*[2] »o Geist der —, der grossen Götter, beschwöre!« Hieraus[3] scheint mir ein Dreifaches hervorzugehen: zunächst dass [cuneiform] in [cuneiform] die sumerische Genetivpartikel *kit*[4] ist, welche bekanntlich auch fehlen kann — man findet ebenso häufig *nirgal dingiréné* »Führer der Götter« als *nirgal dingiréné-kit* —; sodann, dass das [cuneiform] in [cuneiform] nicht das Ideogramm für *irṣitum* »Erde« sein kann, sondern vielmehr die durch Abfall des auslautenden Consonanten entstandene abgeschwächte Aussprache der sumerischen Genetivpartikel [cuneiform] repräsentirt; und schliesslich, dass diese Götterwesen im Sumerischen *dingir-a-nun-na-kit*, was im Assyrischen durch *ilâni ša mé rabûti* »die Götter der grossen Wasser« wiedergegeben werden müsste, zu lesen sind[5].

II.

Wechsel zwischen *u* und *ê* im Sumerischen.

Dieser eigenthümliche Lautwechsel, welcher seltsamer Weise bisher unentdeckt geblieben war, lässt sich an einer grossen Reihe von Beispielen bis zur Evidenz nachweisen.

Wir finden völlig unterschiedslos nebeneinander: 1) *mu*[6] und *mé* in der Bedeutung »rufen, nennen«; 2) *mu* und *mé* in der Bedeutung »Mann« ass. *zikarum* II R. 7, 9. 10 c. d; 3) *mu* und *mé* in der Bedeutung »Himmel« ass. *šamû* (= *$^{*}š_3a$-maju*) II R. 50, 19. 20 c. d; 4) *tu* und *té* als Name des Vogels, welcher im Assyrischen *summatum*[7] heisst, S^b 2, 3. IV R. 29, 55/56 a; 5) *tu* und *té* als Lesungen des Ideogrammes [cuneiform] »Kleid« Sm. 13; 6) *gu* ([cuneiform][8]) und *gé* ([cuneiform]) als Aequivalente des assyrischen *miḫiztum* bez. *miḫiltum* II R. 36, 4. 5 c. d; 7) *gu* ([cuneiform][8]) und *gé* ([cuneiform][8])

---

1) Vgl. II R. 19, 49/50 b. IV R. 1, 5/6. 33/34 b. 10, 44/45 a und andere Stellen.

2) *Lûtamâta* ist die 2. sing. aor. Kal von *tamû* mit präfigirtem optativischem *lû*.

3) Siehe auch II R. 19, 13/14. 42/43 a.

4) Nach Delitzsch's scharfsinniger Vermuthung ist *kit* aus *ki-ta* »Ort + an« (S. 7) verkürzt. Dazu stimmt vortrefflich, dass *kit* an mehreren Stellen noch Locativpartikel ist.

5) Mit hebr. חנן »gnädig sein« (Schrader, Höllenf. der Istar, S. 51) hat das sum. *anun* »grosses Wasser« demnach nichts zu schaffen.

6) Siehe II R. 7, 51 g. h, wo *mu* als Synonym von *pa*, bez. *pada* »nennen« ass. *zakâru* erscheint; *mu* bedeutet auch »Name« ass. *šumu*.

7) Mit dem arab. سمامة (Delitzsch, Assyr. Studien, S. 116; George Smith's Chald. Genesis, S. 319 f.) wird ass. *summatum*, welches Smith im Sintfluthbericht (Chald. Genesis, S. 227 Z. 38) mit »Taube« übersetzt, kaum zusammengestellt werden dürfen. Das Wort ist, wie II R. 37, 42 a. c an die Hand giebt, offenbar sumerischen Ursprungs.

8) Zur Lesung *gu* siehe S^c 3 col. I, 13 ff.; dass [cuneiform] *gé* gelesen werden kann, zeigt z. B. *nén-dug* - [cuneiform] - *né* »sie thuen wohl«.

in der Bedeutung »Land« ass. *mâtum* II R. 39, 13 bez. 10 c. d; 8) *du* ([cuneiform]) in derselben Bedeutung wie *dê* ([cuneiform][1]) II R. 20, 24—27 a. b; 9) *du* ([cuneiform]) wechselnd mit *dê* ([cuneiform][2]) in den Stellen II R 39, 49 g. h und 48, 50 c. d; 10) *su-su* ([cuneiform] [cuneiform]) und *sê-sê* bez. *si-si* ([cuneiform] [cuneiform]) in der Bedeutung »überwältigen« ass. *sapânu* IV R. 24, 56/57 a. 26, 1/2 a. Sm. 954 Rev. 5/6[3]; 11) *ušugal*[4], was zu *ušumgal*[5] wird, und *ušêgal-lu* in der Bedeutung »Alleinherrscher« S^b 125; 12) *uš* neben der gewöhnlichen Pluralendung *êš* (siehe oben S. 7). So lesen wir z. B. IV R. 2, 33/34 c statt **nam-ba-gur-êš*, was **nam-ba-gur-ri-êš* geschrieben werden würde, *nam-ba-gur-r u-u š*[6] (lies *nam-ba-gur-u š*) = ass. *ai itûrûni* (يتورون) »sie sollen sich nicht wenden«; ebenso entspricht dem ass. *lûkân* (= **lûjukavvan*, geschrieben *lu-u-ka*-[cuneiform]-*an*) »er soll legen« IV R. 15, 22/24 b im Sumerischen *ĝé-én-[gub]*[7]*-bu-uš* (*ĝên-gub-u š*), nicht **ĝén-gub-é š* (**ĝê-ên-gub-b i-ê š*), wie man nach Analogie der Formen *ba-an-dib-bi-êš* u. a. erwarten sollte[8]; 13) *u* an Stelle der Präsenspartikel *é* (siehe oben S. 7). Neben Formen wie *ba-da-an-dib-dib-bê-nê* (*ba-dan-dibdib-énê*) und *ba-ab-dub* ([cuneiform])-*bê* (*bab-dub-é*)[9] finden wir nämlich auch *mu-un-dúb-dúb* ([cuneiform] [cuneiform])[10]*-bu-nê* (*mun-dubdub-ûnê*) = ass. *inápaṣú*

---

1) Zur Lesung *dê* vgl. II. R. 20, 24 c.

2) Bei der Erklärung des siebenten Familiengesetzes werde ich nachweisen, dass in der 5. Zeile desselben statt: [cuneiform]-*bi-an-dé-é* »er flieht«, ass. *ittábata* (= **ja'tábata*), [cuneiform] [cuneiform]-*bi-an-dé-é* zu lesen ist; [cuneiform] ist dort ein Fehler des assyrischen Schreibers für [cuneiform], *ka-bi* Nomen mit Suffix der 3. Person, und *an* Verbalpräfix. »Fliehen« ass. *na'butum* heisst im Sumerischen: [cuneiform] [cuneiform] [cuneiform] oder [cuneiform] [cuneiform] bez. [cuneiform] [cuneiform]. Vgl. auch II R. 7, 46. 47 g. h und S^b 276.

3) Diese drei Stellen lauten: [cuneiform] [cuneiform] *kur nu*-[cuneiform] = ass. *sâpin mât lâ mâgiri*; [cuneiform] [cuneiform] *a-ma-tu šur-ra* [cuneiform] [cuneiform] [cuneiform] [cuneiform] [cuneiform] = ass. *ḳarrâdu abubu izzu sâpin mât nukurti*; *kur-kur-ra* [cuneiform] - *bi nê-ib* - [cuneiform] [cuneiform] [cuneiform] [cuneiform] [cuneiform]-*mu* = ass. *šadî iltêniš* (= *ištêniš* II R. 15, 27 a. b) *asâpan tanâdatu'a* (S. 29). Die Schreibung [cuneiform] [cuneiform] [cuneiform] (*si-si-gi* bez. *sig-sig-gê*, *sêg-sêg-ê*) weist übrigens darauf hin, dass *si* »überwältigen« (S^c 92) aus *sig* abgeschwächt ist. Die ursprüngliche Wurzelform wird also *sug* oder *sêg* sein, woraus dann *su* oder *sê* bez. *si* ebenso entstanden ist, wie sich aus *dug* die Formen *du* und *dê* bez. *di* entwickelt haben.

4) Das Wort *ušu-gal* wird *gal-ušu* geschrieben; ebenso geben die Zeichensammlungen ausdrücklich an, dass *zu* + *ab* »Ocean«, *gal* + *lu* »König« *abzu* und *lugal* zu lesen seien. Vgl. über diese interessante Erscheinung George Smith's Chald. Genesis, S. 270; Lenormant, *La langue primitive de la Chaldée*, pag. 421.

5) *Ušumgal* ist nicht, wie Delitzsch will, *ušûgal* zu lesen; vielmehr scheint der vor *g* auftretende Nasal auf einem Lautgesetz zu beruhen. Vgl. *kingi* »Land« = *ki* + *gi*, *nanga* »District« gegenüber ass. *nagû*, *kibingara* »Statthalter« ass. *piḫatum* II R. 28 No. 4 Zeile 41. 39, 73 c. d statt *ki-bi-gar-ra* (eigentlich »Ort + sein + machen«), was wir II R. 13, 56 c. d ff. 40, 53 g. h lesen.

6) So wird wohl statt des [cuneiform], wie das Inschriftenwerk bietet, zu lesen sein.

7) Diese Ergänzung ist sicher richtig.

8) Fälle wie *in-zu-uš* »sie lernten«, *in-sim-mu-uš* »sie gaben« werden besser von den hier aufgeführten getrennt.

9) Vgl. S. 45 Anm. 3.

10) Zur Lesung *dub* siehe S^b 155; vgl. auch II R. 48, 42—44 c. d, wo *dub* durch *napâṣu*, *dubdub* durch *itpuṣu*, *šu-dubdub* durch *itappuṣu* übersetzt wird. Sehr interessant sind hier die assyrischen Formen *itpuṣu* und *itappuṣu*, die offenbar für **nitpuṣu* und **nitappuṣu* stehen. Dieser Wegfall des *n* lässt sich auch sonst beobachten: z. B. lautet Sintfl. II, 36 (Delitzsch, Assyr. Lesestücke, S. 84) der Infin. der Form נתפעל von *palásu* — vgl. Sintfl. III, 24. 30: *appalsa tâmata* (**an-*

»sie zerreissen« IV R. 16, 10 b, ferner entsprechend dem eben erwähnten *ǵé-én-gub-bu-uš* IV R. 30, 41/42. 43/44 a *nam-ba-gub-bû-né*[1] (*nam-ba-gub-ûné*) »sie sollen sich nicht niederlassen«, was in der assyrischen Interlinearübersetzung durch *lâ tattanázaz*[2] (Form افتنعل des Stammes *nazázu*) »du sollst dich nicht niederlassen« wiedergegeben wird.

Aus der grossen Anzahl anderer Beispiele, welche man jetzt gewiss allenthalben in den sumerischen Texten auffinden wird, lasse ich hier noch einige folgen, welche mir Friedrich Delitzsch mitgetheilt hat. — Ich gebe diesen werthvollen Beitrag meines hochverehrten Lehrers hier in seiner Fassung unverändert wieder: »14) [cuneiform] d. i. sum. *ǵu* bedeutet bekanntlich den »Vogel« und wird ganz gewöhnlich den Vogelnamen als Determinativ nachgesetzt. Ein unnumerirtes Fragment eines sumerisch-assyrischen Wörterbuches in der Sammlung des Britischen Museums lässt nun unmittelbar auf den Namen des Pelekans, der wie zu erwarten, im Sumerischen mit [cuneiform] schliesst, den Vogelnamen [cuneiform] = ass. [cuneiform] d. i. *pa-ṭar ḳa-ti* folgen. Da dieser Vogel in der Schreibung [cuneiform] auch sonst vorkommt, so ist klar, dass [cuneiform] d. i. *ǵé* mit *ǵu* »Vogel« hier vollständig gleichbedeutend gebraucht ist. 15) Das Ideogramm [cuneiform], welches den »Mann, Diener, Krieger« ass. *ṣâbu* bezeichnet, ist mit dieser Bedeutung im Sumerischen gemäss S^{b} 296 (vgl. S^{a} 2, 8) *êrim* bez. *ériv*, *éré* zu sprechen. Dieses *érim* oder, wie es auch rein phonetisch geschrieben sich findet, *ê-ré* »Diener, Knecht« ass. *ardu* (z. B. IV R. 19, 60/61 b. 24, 42/43 b) ist offenbar Eins mit *é-ru*, was die grösstentheils noch unver-

*palisa *tahmata*) »ich durchschiffte das Meer«; *appalis* (**anpalis*) *kibrâti* »ich durchschiffte die Gegenden« — nicht **nitaplusu*, sondern *itaplusu*. Ferner heisst »beschütze« nicht **nuṣur*, sondern *uṣur*; »reisse aus« nicht **nusuḫ*, sondern *usuḫ*; »weiche« nicht **nisí* (נסע), sondern *isí*; »thue hinein« nicht **nidí*, sondern *idí*. Endlich finden wir sogar als 3. plur. praes. Ḳal von *nazázu* (vgl. *izizí bêltí lâ tanáš₂â-ši* »lasse dich nieder, meine Herrin, hebe sie, nämlich die Thüre, nicht aus den Angeln« Assyr. Lesestt. S. 87 oben d. i. Höllenf. Obv. 23) »sich niederlassen« statt **inázazu*, wie wir im Hinblick auf *inápaṣû*, *inádinû* u. a. erwarten sollten, *izzazû*, wohl zu unterscheiden von der entsprechenden Form des Impf. *izzizû* »sie liessen sich nieder«, die nach assyrischen Lautgesetzen ganz regelmässig aus **jazzizû* bez. **janzizû* hervorgegangen ist. Auf rein lautlichem Wege kann das *n* in diesen Formen nicht in Wegfall gekommen sein; wir haben hier entschieden associative Neubildungen nach den Stämmen פ״א vor uns: *izzazû* z. B. ist eine Analogiebildung nach *illakû* »sie gehen«, das lautgesetzlich = **ja'²álakû* bez. **jahálakû* ist. Die Brücke schlagen hier die Imperfectformen *izzizû* (= **janzizû*) und *illikû* (= **jallikû* = **ja'likû* = **jahlikû*). Ich werde diese Fragen demnächst in einem Aufsatz »Associative Neubildungen im Bereich des Semitischen« eingehender behandeln. Beiläufig will ich hier nur noch erwähnen, dass z. B. auch das hebr. אָנֹכִי und קָטַלְתִּי Analogiebildungen nach אֲנִי sind. Lautgesetzlich lassen sich diese Formen aus *anaku* bez. *ḳataltu*, was wiederum, wie das Assyrische (*ḳatlaku*) und das Aethiopische (*ḳatalkû*) zeigt, nur unter dem uniformirenden Einfluss der 2. Person (*ḳatalta*, *ḳatalti*) an die Stelle des ursemitischen *ḳatalku* getreten ist, nicht erklären.

1) Dass *nam-ba-gub-bû-né* wirklich für *nam-ba-gub-é-né* steht, zeigt die daneben stehende Form *nam-ba-nigin-é-né*, welche hier durch *lâ tassanáḫar* (= **tastanáḫar*, Stamm *saḫâru*) wiedergegeben wird, während sie IV R. 5, 76/77 c, wie wir S. 29 gesehen haben, durch *ai issaḫrûni* übersetzt wurde.

2) Die Form *tattanázaz* wird hier *ta-at-ta-nam-za-az* geschrieben, ebenso findet man das Präsens *inádin* »er giebt« nicht selten in der Schreibung *i-nam-din*.

öffentlichte Tafel K. 2041, ein Duplicat von II R. 27 No. 1 (siehe dort Z. 26 g. h), in einer Glosse als die sumerische Aussprache des Ideogrammes d. i. ass. *ab-du* »Diener« angiebt[1], und dieses *ê-ru* hinwiederum Eins mit *u-ru*, der sumerischen Aussprache des Ideogrammes d. i. ass. *zi-ka-ru* »Mann, Diener« II R. 27, 44 a. b. Nunmehr ist auch klar, dass das Schriftzeichen , welches in so manchen rein sumerischen oder aber ideographisch geschriebenen babylonisch-assyrischen Eigennamen »Mann, Diener« bedeutet und darum unterschiedslos mit »Mann« wechselt[2], mit seinem gebräuchlichsten Lautwerth *ur* bez. *uru* zu lesen ist — *ur*, *uru*, *êru*, *êrê* »Mann, Diener« geben sich hiernach als bedeutungslose Varianten einundderselben Wurzel. 16) Das unveröffentlichte Fragment K. 2034 bemerkt zu *du* = ass. *it-ti* »mit« ausdrücklich, dass es in dieser Bedeutung d. i. *dê* zu lesen sei. 17) d. i. *si-dê* ist aus einer grossen Menge von Beispielen als das sumerische Wort für »recht, gerecht, aufrecht, grade sein, recht leiten etc.« bekannt; auf dem kleinen Fragment Sm. 11 col. I, 5 lesen wir aber statt dessen die Gleichung: d. i. *si-du* = ass. *ka-a-nu* »recht, aufrecht, grade sein« (hebr. כּוּן). 18) Das sum. *mu-lu* »Mensch« ass. *nišu*, *avêlu* (siehe z. B. IV R. 24, 44/45 b. 29, 51/52 b) ist in dem babylonisch-assyrischen *a-vêlu* »Mensch«, welches sich deutlich als ein sumerisches Lehnwort ausweist[3], als *mêlu* bez. *vêlu* enthalten; vgl. zu dieser Vocalaussprache die alten babylonischen Königsnamen II R. 65 No. 2, welche mit *mê-li* (*mê-lê*) »Mann« zusammengesetzt sind. 19) Das sumerische Wort für »schwangeres Weib« ass. *tâ-rî-tu*, welches gemäss S^b 119 *um-mê-da* (sprich *umê-da*) zu lesen ist, lautet II R. 32, 56 c. d statt dessen *ê-mê*, *ê-mê-da*. Ueberhaupt ist zu beachten, dass das fünfspaltige Syllabar K. 4225 die beiden Zeichen *um*, *u* und *ê* als gleichbedeutend und lautlich auf das nächste verwandt bezeichnet. 20) *ub* und *êb* bez. *êb-bi* bedeuten beide gemäss S^b 309 und 221 die »Himmelsgegend« ass. *tupḳu*, *tupuḳtu* (Plur. *tupuḳâtu*).« —

Mit diesem Wechsel zwischen *u* und *ê* hängen offenbar folgende Erscheinungen zusammen:

a) *uru* »Stadt« (vgl. אוּר כַּשְׂדִּים) erscheint im Assyrischen als *êru* (hebr. עִיר) b) *ki-mu* heisst »mein Ort«, *ki-mê* »unser Ort«. c) Statt **nam-ba-tu-tu-ê-nê* »sie sollen nicht eintreten«, **nam-ba-du-du-ê-nê* »sie sollen nicht kommen« finden wir ausnahmslos *nam-ba-tu-tu-nê*, *nam-ba-du-du-nê*, was offenbar aus **nam-ba-tu-tu-u-nê*, **nam-ba-du-du-u-nê* contrahirt ist. Ebenso lautet der Plural zu *in-zu* »er lernte« ass.

1) Vgl. auch II R. 27, 45 a. b.

2) Von grösster Wichtigkeit für dieses sumerische = »Mann« ist jetzt in erster Linie ein hochbedeutsames Eigennamenverzeichniss, welches Hormuzd Rassam im Jahr 1878 unter vielen andern werthvollen Inschriften in das Britische Museum übergeführt hat. Die von Lenormant zuerst in seinen *Études accadiennes* I, 1, pag. 9 vorgetragene Behauptung, das Zeichen habe im Sumerischen nur g a n z s e l t e n den Lautwerth *ur*, ist nicht mehr zu halten.

3) Diese zuerst von Lenormant, ESC. pag. 225, aufgestellte Etymologie ist leider seitdem von ihm selbst wieder aufgegeben worden (in seinen *Études cunéiformes. Troisième fascicule*, pag. 56) — ohne Grund; denn aus dem Semitischen ist *avêlu* - אֱוִיל nun einmal nicht zu erklären. Wen könnte Oppert's und Lenormant's Ableitung von hebr. אָמַל »verwelken« (*avêlu* also »le périssable, le mortel«) befriedigen?

ilmad nicht **in-zu-ês̆*, sondern *in-zu-us̆*, *in-zus̆*. d) Dieselbe Wirkung wie *u* übt auch der engverwandte Labial *m* aus. So finden wir z. B. statt **ĝê-nib-s̆um*[1]*-ê-nê* IV R. 16, 68 a *ĝê-ni-ib-s̆um-mû-nê* (*ĝê-nib-s̆um-ûnê*); ebenso heisst »sie geben«, »er giebt«, »sie gaben«, wie wir schon in Excurs I erwähnt haben, nicht **in-sim-mê-nê*, **in-sim-mê*, **in-sim-mê-ês̆* (**in-sim-ênê*, **in-sim-ê*, **in-sim-ês̆*), sondern *in-sim-mû-nê*, *in-sim-mu*, *in-sim-mu-us̆*.

Diese neuentdeckten Beziehungen zwischen sum. *u* und *ê* werden in der Folgezeit für die sumerische Grammatik ohne Zweifel ungemein wichtig werden.

III.

Neue Lautwerthe und Lesungen.

No. 1: 𒉈 = *lam*.

In den bilinguen Texten entspricht dem bekannten assyrischen Worte *mê-lammu* im Sumerischen regelmässig *mê*-𒉈[2]. Ich vermuthe deshalb, dass das Zeichen 𒉈 im Sumerischen neben *nê*, *dê*, *pil* u. s. w. auch den Lautwerth *lam* hatte und 𒈨 𒉈 demgemäss nicht *mê-nê* (Lenormant), sondern *mê-lam* zu lesen ist[3]. *Mêlammu*[4] wäre dann natürlich ein sumerisches Lehnwort[5]. Uebrigens ist die

---

1) Vgl. zu dieser Wurzel IV R. 7, 9/10 a: *lu* (?) - *bi as̆ ĝul udu-dim s̆um-ma* »diesen Menschen hat der böse Fluch wie ein Lamm hingeschlachtet« ass. *amêlum s̆uatum, arrat limuttim kima immêri iṭbuḫs̆u*.

2) Vgl. II R. 19, 40/41. 64/65 a. 23/26. 43/44 b. IV R. 15, 29/30 a. 18, 50/51 a. 19, 7/8 a. 20 No. 2, 9/10. 25, 43/44 b. 26, 37/38 a. 27, 48/50 a. Da *ê* im Assyrischen später wie *i* gesprochen wurde, wird *mê-lam-mu*, *mê-lam-mê* auch *mê-lam-mi*, *mi-lam-mê* und *mi-lam-mi* geschrieben.

3) Beachte auch II R. 17, 4 a. b, wo *mê*-𒉈-*ma* in der assyrischen Columne durch *mê* . . . . . wiedergegeben wird.

4) Herr Lenormant (ESC. pag. 192) hat eine specielle Untersuchung über dieses Wort in Aussicht gestellt; hoffentlich giebt er in dieser, an sich sehr dankenswerthen Arbeit die bisher beliebte Etymologie von *mêlammê* (*melavve* von מְלָא!!) auf. Wollte man *mêlammu* durchaus aus dem Semitischen erklären, so war die lautgesetzlich allein mögliche Ableitung die von עלם »hoch sein«, (siehe über diesen Stamm Friedr. Delitzsch, Assyr. Studd., S. 164), auf den auch *êlamu* »hoch« und *Êlamtu* (עֵילָם) »Hochland« zurückgehen. *Mêlammu* wäre dann aus **mâlammu* bez. **ma'lammu* hervorgegangen, ebenso wie *mêtiḳu* »Weg« = **mêtaḳu* = **mâtaḳu* = **ma'taḳu* ist.

5) Ueberhaupt sind fast alle Wörter, in welchen der den Casusvocalen vorausgehende Consonant doppelt geschrieben wird, z. B. *êkallu*, *ṭitallu*, *kisallu*, *us̆umgallu*, *pisannu*, *siparru*, *dupsarru*, *s̆ibirru*, *Êkimmu*, *kisimmu*, *bulukku*, *Utukku*, *nisakku*, *parakku*, *lamassu* u. s. w. aus dem Sumerischen in das Assyrische übergegangen. Fälle wie *s̆attu* »Jahr« (= **s̆₃antu*), *s̆uttu* »Traum« (= **s̆₃untu*), *uzzu* »Macht«, *libbu* »Herz«, *abuttu* »Feldarbeit« (عبودة), *libittu* »Backstein« (= **libintu*), *nibittu* »Nennung« (= **nibi'itu*) gehören selbstverständlich nicht hierher, während Wörter wie *pilakku* »Beil« (aram. פלקא) *abarakku* (nach Delitzsch, Schriftt. No. 248 = אַבְרֵךְ), *êlippu* »Schiff« (אִלְפָא), *parzillu* »Eisen« (בַּרְזֶל), *assinnu* »Diener«, *suluppu* (eine Frucht), *kudurru* »Krone«, *samullu* (nach Delitzsch, Schriftt. No. 43 vielleicht = סֶמֶל), *abullu* »Stadtthor« (אבולא) und ähnliche sich meiner Ueberzeugung nach immer klarer als sumerisch entpuppen werden. Uebrigens scheint mir daraus, dass *zabar*, *s̆ibir* und *Utuk* im Assyrischen als *siparru*, *s̆ibirru*, *Utukku* bez. *sipâru*, *s̆ibiru*, *Utûku* erscheinen, deutlich hervorzugehen, dass in diesen Wörtern im Sumerischen der Accent

ganze Wendung *pulḫi* bez. *puluḫti mêlammê*, die in den historischen Inschriften (vgl. Schrader, KAT, Glossar s. v. מלא *mi-lav-vi*) allenthalben zu finden ist, nur die wörtliche Uebersetzung des sumerischen d. i. *ni* (S[c] 285) *mê-lam*. Man hätte dies längst aus II R. 19 ersehen können.

No. 2: = *gi*.

Das Zeichen pflegte man lange Zeit, vermuthlich deshalb, weil II R. 20, 25. 26 c. d dieselbe Bedeutung wie (*gu-dê-dê*)[1] hat, *dê* zu lesen. Dass aber einen andern Lautwerth gehabt haben muss, ergiebt sich mit Sicherheit aus folgenden Thatsachen:

a) Die »Unterwelt« heisst im Sumerischen *Kur-nu-* (Höllenfahrt der Istar, Obv. 63. Rev. 6) oder, mit Verlängerungsvocal, *kur-nu-* *-a*[2] (Höllenf. Obv. 1. 12. Rev. 13. 14. II R. 32, 19 g. h. 48, 7 e. f); das nämliche Wort finden wir aber Höllenf. Obv. 41 [3] *Kur-nu-gi*[4] geschrieben.

b) Den Götternamen Igigi[5] lesen wir IV R. 23, 15 b in der Schreibung *I-*.

c) »Er thut wohl« ass. *uṭâb* (= **juṭajjab*) heisst, wie wir schon S. 45 Anm. 3 sahen, *nê-in-dug-gi* (*nên-dug-ê*); ebenso lautet das Präsens (mit Negation) der zusammengesetzten Wurzel *mal* + *dag* bez. *mal* + *dagdag* »sich trennen« ass. *napruku*, welche bei der Erklärung des letzten Familiengesetzes eingehender zu studiren sein

---

auf der letzten Sylbe lag, mithin nicht *kìsal, zábar, dúpsar, šíbir, búluk*, sondern *kisál, zabár, dupsár, šibír, bulúk, Utúk, Gigím* u. s. w. gesprochen wurde.

1) *Gu-dêdê* und *gu-gigi* bedeuten beide »rufen, schreien, brüllen« ass. *nagágu* oder *šagámu*. Die gleiche Bedeutung hat auch *gu-mê*, z. B. IV R. 26, 60/61 b. 27, 32/34 a: *-dim gu-im-mê* = ass. *kima litti inágag* bez. *kima litti išási*. bedeutet »Stier« ass. *arḫu*, wurde aber in dieser Bedeutung nach S[b] 254 im Sumerischen nicht *lid*, sondern *ab* gelesen. Dies schliesst indess nicht aus, dass in derselben Bedeutung auch *lid*, was dann als *littu* in das Assyrische überging, gesprochen wurde. Diese letzteren Stellen sind, worauf hier beiläufig aufmerksam gemacht werden mag, wichtig für das Verständniss der Variante zu Sintfl. III, 8 (Assyr. Lesestt. S. 85): *išísi Ištar kima liti* | *unabbi Rubbatu ṭâbat rigma*. Zur Lesung *rigma* vgl. IV R. 2, 1/2 c: *lugal gu dugâ-kit* = ass. *bêl ša rigimšu ṭâbu*; *gu* = *rigmu* finden wir auch S[c] 316 ff., wo *gu* durch *šasû* (Praes. Ḳal *išási*, mit Epenthese des *i išísi*), *rigmu*, *šagámu* (Praes. Ḳal *išágum*, wie *ibáluṭ, idámum, iḫálup* u. a.) und *ḳibû* (vgl. S. 32) übersetzt wird; ferner IV R. 13, 48/49 b. 14 No. 2 Obv. 23/24 u. a. m. Beachtung verdient hierbei auch das kleine Fragment II R. 40 No. 4.

2) Schrader, der in seinem Buche »Die Höllenfahrt der Istar« S. 23 zuerst die richtige Uebersetzung dieses Namens scharfsinnig erschlossen hat, fasste den Verlängerungsvocal irrig als Ideogramm für *rûḳu* (ﺭﻕ) »fern« und las demgemäss statt *Kur-nu-gi-a* mat NU. DÍ. ruḳ.

3) Im Londoner Inschriftenwerk steht fälschlich auch an dieser Stelle statt das Zeichen. Siehe darüber George Smith's Chaldäische Genesis, S. 313.

4) *Kur* heisst »Land«, *nu* ist die gewöhnliche Negation, und *gi* bedeutet »wenden« bez. »heimkehren«, *Kurnugi* oder mit Verlängerungsvocal *Kurnugia* heisst demnach »Land ohne Heimkehr« und wird deshalb II R. 32, 19 g. h durch ass. *irṣit lâ târat* wiedergegeben. Die Assyrer werden übrigens wohl nicht *Ana irṣit lâ târat Ištar mârat Sin uzunša iškun*, sondern *Ana Kurnugia Ištar* etc. gelesen haben.

5) Vgl. zu diesen Wesen Schrader, Die Höllenfahrt der Istar, S. 52.

wird, *mal-la-na-an-dag-dag-gi* (*mala-nan*[1]*-dagdag-ê*) II R. 18, 51 a. b, was hier durch ass. *ai ipparku* (= **janpariku*) »er trenne sich nicht« wiedergegeben wird; II R. 17, 43 c wird dagegen eben diese Form *mal-la-na-an-dag-dag* - [cuneiform] geschrieben.

d) Die Wurzel [cuneiform], deren Grundbegriff, wie schon oben bemerkt wurde, »drehen, wenden, biegen« ist, findet sich, gewöhnlich in der reduplicirten Form [cuneiform] [cuneiform], in den sumerischen Texten sehr häufig. Vergleiche: 1) *ki-bi-šú* (*kiábišú*) *ǵa-ma*[2] - [cuneiform] [cuneiform] »an seinen Ort kehre er zurück« ass. *ana ašrišu litûra* (= لِيَتْوُرُ*) IV R. 10, 1/2 a. 50 b; Plur. [*ǵa-ma*] - [cuneiform] [cuneiform] - *ê-nê* »sie sollen zurückkehren« ass. *litûrú* ([cuneiform] [cuneiform] [cuneiform]) ibid. 13/14 a. 2) [*gabâ*]-*bi ǵên*-[cuneiform] [cuneiform] »seine Brust möge er wenden« ass. *iratsu litîr* (= لِيَتْوُرْ*) IV R. 15, 33/34 b. 3) *ǵên-rab*[3] - [cuneiform] [cuneiform] = ass. *litîrka* IV R. 13, 44/45 a. 4) *ǵên-šin* - [cuneiform] [cuneiform] »er wende sich zu ihnen (*šin*, nämlich den gnädigen Händen seines Gottes), kehre zu ihnen zurück« ass. *litûru* oder, freier übersetzt, *lippaḳid* (= **lijanpaḳid*) »er sei befohlen« IV R. 4, 7 a. 3/4[4]. 46—49 b. 8, 48/49 b.[5]

---

1) Das eingeschobene *nan* ist hier nicht etwa incorporirtes Verbalrégime, sondern Verbalpräfix mit Negation: »er wog nicht« heisst entweder *nu-un-lal* (*nun-lal*) oder *na-an-lal* (*nan-lal*), aber niemals *nu-in-lal* oder *nu-an-lal*. Vgl. z. B. IV R 10, 58/59 a: *nin-nam šu na-an-gid-da* (*nan-gida*) »Niemand fasst meine Hand« (eigentlich: »Alles Hand nicht fassen«) ass. *manman ḳatî* (*ga-ti*!) *ul iṣâbat*; IV R. 12, 46/47: *na-an-sim-mu* (*nan-sim-u*) »er soll nicht geben« ass. *ai iddin-šu*; II R. 9, 28—31 c. d: *ad-da* (*ada*) *ša* [cuneiform] | *nu-un-tuku-a* (*nun-tukua*) | *ad-da-a-ni* (*adâni*) *ša* [cuneiform] *-â-ni* | *nu-un-zu-a* (*nun-zua*) »Vater und Mutter hatte er nicht, seinen Vater und seine Mutter kannte er nicht« ass. *ša* (»welcher«) *aba u ummu* | *lâ îšû* (= **jaiš₁i'u*, Form *jaḳtilu*) | *ša abašu ummašu* | *lâ idû* (= **jaidiʿu*). Interessant ist hier der Reim, dem zu Liebe auch am Schluss der ersten Zeile statt *umma ummu* gewählt worden ist.

2) Das vorgesetzte *ǵa* ist Zeichen des Precativ (Nebenformen: *ǵu, ǵê; ǵên, ǵêm, ǵum; ga*), *ma* Verbalpräfix. Beachte die Vocalharmonie: *ǵa-ma-gigi*; *ǵa-ba-ran-gaga* »er soll wenden« (sc. sein Antlitz an einen andern Ort) ass. *liškun* II R. 18, 41 a. b; IV R. 15, 35/36 b; *ǵa-ba-nib-ênê* »er gehe in sie (*nib*, nämlich die Wüste) heraus« ass. *littâṣî* IV R. 14 No. 2 Rev. 1/2; dagegen *ǵu-mu-rab-sim-mu* »er soll dir (*rab*) geben« ass. *liddinka* (= **lijandin* + *ka*) IV R. 15, 47/48 a; *ǵu-mu-rab* - [cuneiform] »er soll dir verkünden« ass. *liḳbîka* (= **lijaḳbiʿ* + *ka*) IV R. 15, 45/46 a; *ǵu-mu-nib-tutu* »er soll in dasselbe (*nib*, nämlich das Haus) hineinbringen« ass. *lišêrib* (= **lijuš₀a'₅rib*) IV R. 12, 44/45.

3) Im Londoner Inschriftenwerke steht hier nicht *ǵê-ên* - [cuneiform] (*ra*)*-ab-gi-gi*, sondern *ǵê-ên*- [cuneiform] (*da*) *ab gi-gi*. Dies ist aber jedenfalls nur ein Versehen. Einmal erwarten wir wegen des *ka* in *litirka* das incorpor. Verbalrég. der 2. Person (*rab*), und dann scheint mir *ǵên-dab-gigi* keine correcte Form zu sein. Formen in denen der Wurzel *dan* vorausgeht, giebt es wohl; dass aber statt dessen auch *dab* erscheint, ist mir wenigstens nicht bekannt.

4) IV R. 4, 1—4 b: *ǵu-dim ki-damalâ-šú ǵa-ba-nib* - [cuneiform] [[cuneiform]], *šu-šaga-dingirâna-šú ǵên-šin-gigi* »wie ein Vogel an einen weiten Ort, an ihn (*nib*) fliege er, in die gnädigen Hände seines Gottes, in sie (*šin*) kehre er zurück« ass. *kima iṣṣuri ana ašri rapši littapraš* (= **lijantapraš₂*), *ana ḳat damḳâti ša îlišu lippaḳid*.

5) IV R. 8, 44 b ff.: [cuneiform] [cuneiform] [cuneiform] *ǵul gal barâ-šú ǵêm-ta-gub*; *lu* (?) *-bi ǵên-él, ǵên laǵlaǵ*; *šu-šaga-dingirâna-šú ǵên-šin-gigi* »der böse Fluch lasse sich abseits nieder; dieser Mensch werde rein, werde strahlend; in die gnädigen Hände seines Gottes kehre er zurück« ass. *mamît limuttum ina aḫâti lizziz* (= **lijanziz*); *amêlu šuatu lilil, libib*; *ana ḳat damḳâti ša îlišu lippaḳid*.

16, 57/58. 63 b. u. ö. 5) *ki-bi-šú* (*kiábišú*) *nan* - »an seinen Ort kehre er nicht zurück« ass. *ana ašrišu ai itúr* IV R. 3, 49/50 a. 4, 6 a. 6) *nun* - »er kehrt nicht zurück« ass. *ul u-[târ]* (= يَتُوَّرُ*) IV R. 16, 23/24 b. 7) *nu-mun-šin*[1] - = ass. *ul utâra* (= يَتُوَّرَ*) IV R. 4, 9/10 b. 8) *aba-nib*- - *éš*[2] »sie wendeten, brachten sie« (*nib*, nämlich den Gott Šamaš und den Gott Rimmon) ass. *uttíru* (= يَتْتَوَّرُوا*, Impf. der Form افتعل) IV R. 5, 74/75 a. 9) *gabâ-bi šu*[3]-*ǵa-bab* - - *é-né*[4] »ihre Brust sollen sie wenden« ass. *irât-sunu litírú* (= لِيَتْتَوَّرُوا*) II R. 18, 38 a. b. 10) *ki-bi-šú* (*kiábišú*) - *né*[5] »an seinen Ort kehre er zurück« ass. *ana ašrišu litúr* IV R. 18, 28/29 b. 11) - *šú dingir + bi* (*dingirâbi*) - *né*[5] »zu dem Wasser ihr Gott zurückkehrte« ass. *ana mé ilušunu itúru* II R. 16, 58. 59 a. b. 12) *a-bi* - *šú ša-munni*[6]-*šin*[7] - | *sila-damalâ-šú ša-mun-dub* »dieses Wasser thue in das Gefäss und giesse es auf die Strasse aus und« ass. *mé šunúti ana karpati tír*[8]-*va* | *ana rébiti tubuk-va* IV R. 16, 50—52 b.

---

1) *Nu* ist Negation, *mun* Verbalpräfix, *šin* incorporirtes Verbalrégime.

2) *Aba* ist Verbalpräfix (vgl. II R. 18, 49 a. b: *sagâna aba-nin-gub* »in seinem Haupte lasse er sich nieder« ass. *ina rêšišu lizziz*), *nib* incorporirtes Verbalrégime und *éš* die gewöhnliche Pluralendung des Präteritum.

3) Die Composition der Hauptwurzel mit der Wurzel *šu*, welche »Hand« ass. *ḳatu*, dann »Handlung« ass. *gimillu* (II R. 39, 40 c. d) bedeutet, färbt die Grundbedeutung transitiv bez. causativ. Die Verbalpräfixe treten stets hinter *šu*; vgl. *šu-nên-ti* »er nahm« ass. *ilḳí* (= *jalḳiḥ*); *šu-nên-ti-éš* »sie nahmen« ass. *ilḳú* (= **ilḳĭ'ú* = **jalḳiḥú*); *šu-bab* - »er nimmt« ass. *iláḳí* (= **jaláḳiḥ*); *šu-bab* - - *né* »sie nehmen« ass. *iláḳú* (= **iláḳĭ'ú* = **jaláḳiḥú*) II R. 8, 46 c. d ff.

4) Das auf *šu* folgende *ǵa* ist Precativzeichen, *bab* Verbalpräfix und *é-né* Präsenspartikel mit Pluralendung.

5) Hier haben wir einmal an Stelle der gewöhnlichen Verbalpräfixe ein Verbalaffix; *né* als Verbalpräfix finden wir z. B. IV R. 20 No. 2, 7—10: *kalam-ma-kit* (*kalamâ-kit*) *sag-ga-na-šú* (*sagâna-šú*) *mi-nin-ili* | *mé-lam an-na* (*ana*) *kur-kur-ra* (*kurkura*) *né-dul* »o Sonne! über (*kit*) das Land mit (*šú*) deinem (im Sumerischen 3. Person!) Haupte hast du dich erhoben; o Sonne! mit dem Glanze des Himmels hast du die Länder bedeckt« ass. *Šamaš ana mâti rêšika taššâ* (= **tanš₂ă'*) | *Šamaš mélammé šamé mâtâti taktum*. Ebenso wie *né* erscheint auch *nên* (geschrieben) als Verbalaffix; vgl. *gaga-nên* »er wird gelegt« ass. *iššakan* (= **janšakan*, Präs. Niph.); *daǵ-ǵé-nên* (*daǵ-é-nên*) »er fügt hinzu«; *sim-mu-nên* »er giebt« ass. *inádin*; *gur-nên* »er macht« ass. *uttâr* (= يَتْتَوَّرُ* d. i. Präs. der Form افتعل) II R. 12, 22 ff. a. b.

6) Im Londoner Inschriftenwerk steht hier nicht *mu-un-ni*, sondern *mu-é-ni*, ein Fehler, der sich auch Z. 33. 34. 36 und 37 derselben Columne findet.

7) Durch das incorporirte Verbalrégime *šin* wird hier das vorausgehende Object *a-bi* »dieses Wasser« wieder aufgenommen, also eigentlich: »Wasser dieses, in das Gefäss thue es (*šin*)«.

8) *Tír* ist Imperativ der Form فعّل und nach assyrischen Lautgesetzen ganz regelmässig aus **tair* = **ta'ir* = **tavvir* entstanden. Dass *tír* Imper. zu *utír* (Präs. *utâr*), was sämmtliche Assyriologen bisher als Aphel gefasst haben, sein muss, ist unbestreitbar; ebenso wird aber jeder Kenner der semitischen Sprachen zugeben, dass *tír* unmöglich eine Aphelform sein kann; wo wäre denn das charakteristische א hingekommen? der Imper. des Aphel müsste doch *'atir* (vgl. äth. *'asûr*, *'aḳĕm*; arab. *'aḳil*; hebr. הָקֵם; syr. *'aḳím*) lauten! Daraus folgt, dass auch das Impf. *utír* (= **jutair*

An andern Stellen wird diese nämliche Wurzel aber  *gi* geschrieben, z. B.: 1) IV R. 29, 25/26 c: *nun-da* -  »er wendet nicht« ass. *ul utâr.* 2) IV R. 21, 61 a: *gab* 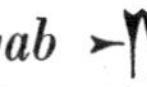 *lu ǵul gal* (eigentlich: Brust + wenden + Mensch + feindlich + sein) »der da zurückwendet die Brust des Menschen, welcher feindlich ist« ass. *mutîr* (= مُتَوِّر*) *irti limni* »Zurückwender der feindlichen Brust«. 3) IV R. 14 No. 2 Rev. 22/23: *lu ǵul gal gab gé*  -*bi*[1] *zaé mén* »du (*zaé*) bist (*mén*) es, der in der Nacht (*gé*) die Brust (*gab*) des Menschen (*lu*), welcher feindlich (*ǵul*) ist (*gal*), zurückwendet (*gi*)«[2] ass. *ša limni ina mûši mutîr irtišu atta* »von (*ša*) dem Feinde (*limni*) in (*ina*) der Nacht (*mûši*) Zurückwender (*mutîr*) seiner Brust (*irtišu*) du (*atta*)«. 4) IV R. 10, 39—44 b:  *dib-ba-mu* (*dibâmu*[3]) *šag*[4]*-ga-šú* (*šagâ-šú*) *mun-*  | *na-ak-tag-ga* (*nak*[5]*-taga*) *nin ag-a-mu* (*agâmu*) *imi mun-tum*[6] |  *maǵ-a-an* (*maǵân*) *tu-dim mu-un-sig-sig-ga* (*mun-sigsiga*) »die Sünden, die ich gesündigt habe, zur Gnade wende; die Missethat, die ich gethan, der Sturmwind hinwegführe; meine vielen Vergehen wie ein Kleid zerreisse« ass. *ḫitti*[7] *aḫṭû*[8] *ana damiḳti tîr* |

= **juta'ir* = **jutavvir*) und das Präs. *utâr* (= **juta'ar* = **jutavvar*) nicht Aphel-, sondern Paalformen sind. Ein Aphel existirt im Assyrischen überhaupt nicht.

1) Das *bi* nimmt hier das vorangestellte Object *gab* »Brust« wieder auf: »die Brust des Feindes, in der Nacht Wender von ihr du sein«; ebenso heisst es in Zeile 18/19 desselben Textes: *gušgi kubabbar šagâ-bi zaé mén* (Gold + Silber + schmelzen + dieser + du + sein) »Gold (und) Silber, ihr Schmelzer du sein« d. i. »du bist es, der das Gold und das Silber schmelzest« ass. *ša ṣarpi ḫuraṣi mudammiḳšunu atta* »von (*ša*) Silber (und) Gold ihr Schmelzer du«.

2) Im Sumerischen stehen hier lauter nackte Wurzeln ohne jede Formbezeichnung neben einander: Mensch (*lu*) + feindlich (*ǵul*) + sein (*gal*) + Brust (*gab*) + Nacht (*gé*) + wenden (*gi*) + dieser (*bi*) + du (*zaé*) + sein (*mén*) — eine interessante Einfachheit des sprachlichen Ausdruckes.

3) Zur Lesung *šag* des Zeichens  siehe Excurs I, No. 9.

4) Vorgesetztes *nak* (vgl. Delitzsch, Schriftt. No. 124) bildet Abstracta, eigentlich bedeutet es ebenso wie *nam* (S. 8) »Schicksal, Loos«; z. B. entspricht dem ass. *mušîm šîmâti* »Lenker des Schicksals« IV R. 23, 31/32 a im Sumerischen *na-aka-tar-tar-ra* (*naka-tartara*). Neben *nak-taga* kommt auch *nam-taga* in derselben Bedeutung vor; vgl. IV R. 17, 49/50 a, wo *nam-tag-ga* im Assyrischen durch *arnam* übersetzt wird, und II R. 38, 62 c. d, wo *nam-tag* durch ass. *šêgû* d. i. hebr. שְׁגִיאָה wiedergegeben wird.

5) *Ad* heisst »Vater«, *dib* »sündigen«, *ag* »thun«; während aber *adâ-mu* »mein Vater« bedeutet, ist *dibâ-mu* und *agâ-mu* so viel als »ich habe gesündigt«, »ich habe gethan«.

6) Neben  *tum* finden wir an mehreren Stellen in derselben Bedeutung auch  -*ma*. Dies ist nicht *du-ma* (Lenormant), sondern, wie die Glosse II R. 29, 28 a zeigt, ebenfalls *tu-um-ma* (*tuma*) zu lesen.

7) Der Plural *ḫitti* wird in der assyrischen Schrift von dem Singular *ḫitti* nicht unterschieden, beide werden gleichmässig *ḫi-iṭ-ṭi* geschrieben. In der lebendigen Sprache aber lautete der Plural jedenfalls *ḫittî* mit Betonung der letzten Sylbe, während der Singular *ḫittĭ* gesprochen wurde, also *ḳâtŭ, ḳâtĭ, ḳâtă* »Hand«, dagegen *ḳatû, ḳatî, ḳatâ* »Hände«.

8) *Aḫṭû* ist aus **aḫṭă'ŭ* zusammengezogen; auslautendes *a'u, i'u, i'a, u'a,* wird nämlich im Assyrischen regelmässig zu *û* bez. *â* contrahirt. Dabei macht es keinen Unterschied, ob die durch das א auseinandergehaltenen Vocale kurz oder lang sind, auch die Beschaffenheit des א (א, א, א, u. s. w.) kommt nicht in Betracht. So wird aus **jaš$_3$mĭ'ŭ* »er hörte« *išmû*, aus *'*aiš$_1$ĭ'ŭ* »ich hatte« *išû*, aus **jabâšĭ'ŭ* »er ist« *ibâšû*, aus *'*ajâdĭ'ŭ* »ich weiss« *idû*; ebenso gehen aber auch **ilkĭ'ŭ* (= **jalḳiḫû*) »sie nahmen«, **išmĭ'û* (= **jaš$_3$mĭ'û*) »sie hörten«, **idĭ'û* (= **jajâdĭ'û*) »sie

anna êpuš šâru[1] *litbal* | *ẖablâtû'a ma'dâti kima ṣubali šuẖuṭ*. — Aus diesen 4 Punkten ergiebt sich unzweifelhaft, dass das Zeichen [Keilschrift] ebenso wie [Keilschrift] den Lautwerth *gi* hat[2].

No. 3: [Keilschrift] -*la* = *mal-la*.

Die schon unter No. 2, c erwähnte Form *mal-la-na-an-dag-dag-gi* (*mala-nan-dagdag-é*) II R. 17, 43 c. 18, 19. 51 a wird II R. 18, 9 a [Keilschrift] - *la-na-an-dag-dag-gi* geschrieben; ebenso finden wir in der 6. Zeile des letzten Familiengesetzes (Delitzsch, Assyr. Lesestücke, S. 77, 42 a) die Form *mal-la-ba-an-dag* (*mala-ban-dag*) die hier durch ass. *ittaparka* (= **jantaparaka* d. i. Präsens der Form انفعل) »er trennt sich, reisst sich los« wiedergegeben wird, in der Schreibung [Keilschrift] - *la-ba-an-dag*. Daraus folgt, dass [Keilschrift] - *la* *mal-la* zu lesen ist[3].

No. 4: [Keilschrift] »gleichwie« = *dim*.

Dass die sumerische Postposition [Keilschrift] »gleichwie« *kim* zu lesen und aus dem Assyrischen in das Sumerische eingedrungen sei, ist im höchsten Grade unwahrscheinlich; ebenso wenig ist die Vermuthung annehmbar, dass [Keilschrift] den Lautwerth *tum* hatte. Der gewöhnliche, durch mehrere Glossen bezeugte, sumerische Lautwerth dieses Zeichens war *dim*. Da nun die sumer. Prä- und Affixe im Allgemeinen phonetisch geschrieben werden, ferner II R. 25, 17 a. b als Synonym des ass. *kima* »gleichwie« ein *tuma*, das jedenfalls ein sumerisches Lehnwort ist und sehr wohl aus einem sumerischen *dim*, mit Verlängerungsvocal *dima*, entstanden sein kann, aufgeführt wird, so glaube ich, dass [Keilschrift] »gleichwie« im Sumerischen *dim* gelesen wurde. Jedenfalls ist diese Lesung den bisher beliebten *kim* und *tum* vorzuziehen.

Bei dieser Gelegenheit will ich nicht unterlassen, noch auf einige **neue assyrische Lautwerthe** aufmerksam zu machen.

No. 5: [Keilschrift] = *kus*.

In der IV R. 3 veröffentlichten sumerisch-assyrischen Beschwörungsformel lesen wir Z. 44/45 a: *sag lu tur-ra-kit* (*turâ-kit*) .... *ša-mê-ni* - [Keilschrift] »das Haupt

---

wissen«, **iši'û* (= **jaiš$_1$i'û*) »sie hatten«, **ûṣĭ'¹ûni* (= **jauṣ$_3$ĭ'¹ûnĭ*) »sie kamen heraus«, **ušêṣĭ'û* (= **juš$_3$êṣ$_3$ĭ'¹û*) »sie führten heraus« in *ilḳû*, *išmû*, *idû*, *išû*, *ûṣûni*, *ušêṣû* über. Vgl. ferner *išmâ* »er hörte« (= **jaš$_3$mĭ'⁴ă*), *iptâ* »er öffnete« (= **japtĭ'³ă*), *idkâ* »er sammelte« (= **jadkĭ'ă*), *ušêṣâ* »er führte heraus« (= **juš$_3$êṣ$_3$ĭ'¹ă*), *iḳbâ* »er sprach« (= **jaḳbĭʿă*), *aḳbû* »ich sprach« (= '¹*aḳbĭʿŭ*), *iḳbâ* »sie (seine Lippen, ass. *š$_2$aptâšu*) sprachen« (= **jaḳbĭʿâ* 3. fem. pl.), *ibšâ* »sie waren« (= **jabšĭ'â*), *ibnâ* »sie (die Hände) haben gebaut« (= **jabnĭ'â* = **jabnĭjâ*), *šamû* »Himmel« (= **šama'ŭ* = *š$_3$amajŭ*), *bakû* »weinen« (= **bakâjŭ*), *šaḳû* »bewässern« (= *š$_3$aḳâjŭ*), *ẖadû* »sich freuen« (= **ẖadâ'û* = **ẖadâvŭ*), *našû* »erheben« (= **naš$_2$â'¹ŭ*), *idû* »wissen« (= **jadâ'⁴ŭ*), *itêlâ* »er stieg empor« (= **itêlĭ'ă* = **jată'⁴lĭjă*, Form תפעל, nicht פתעל!) *itêlû* »sie stiegen empor« (= **jată'⁴lĭjû*) u. s. w. u. s. w. Fälle wie *ḳatû'a ḳatî'a ḳatâ'a* »meine Hand« bez. »meine Hände« (= **ḳatŭjă*, **ḳatĭjă*, **katâjă*) gehören nicht hierher.

1) Vgl. hebr. שַׂעַר Jes. 28, 2; שְׂעָרָה Hiob 9, 17. Nah. 1, 3.

2) Vgl. auch das kleine sumerisch-assyrische Wörterbuch II R. 48, 38—40 e. f: [Keilschrift] (*daš*) = *isẖu*; [Keilschrift] (*gi*) = *ésiẖu*; [Keilschrift] (*imi* S^c 291) [Keilschrift] (*gia*) = *ésiẖu ša duppi*.

3) [Keilschrift] *mal-dag* = ass. *napruku* findet sich auch IV R. 12, 17/18.

des Kranken umwinde und« ass. *ḳaḳḳadi marṣi* .... *ru-ku-us-va* (*rukus-va*); — Z. 46 a. 10 b: *gu lu tur-ra-kit ša-mê-ni-*[cuneiform] »den Hals des Kranken umwinde und« ass. *kišâd marṣi ru-*[cuneiform]*-va*; — Z. 9 b: *sag lu tur-ra-kit ša-mê-ni-*[cuneiform] »das Haupt des Kranken umwinde und« ass. *ḳaḳḳad marṣi ru-*[cuneiform]*-va*. Ebenso wird Z. 11 b das sumerische *ša-mê-ni-*[cuneiform] »umwinde und« in der assyrischen Uebersetzung durch *ru-*[cuneiform]*-va* wiedergegeben, Z. 12 b dagegen durch [cuneiform] [cuneiform] [cuneiform], was nicht *sun-ḳiš-va* (Schrader), sondern *ruk*[1]*-kis-va*[2] zu lesen ist. In einem andern Texte IV R. 22, 16/17 b wird *sag-ga-na* (*sagâna*) *ša-mê-ni-*[cuneiform] »sein Haupt umwinde und« wieder durch *ḳaḳḳâsu* (= **ḳaḳḳadšu*) *ru-ku-us-va* übersetzt. Aus diesen Stellen geht klar hervor, dass das Zeichen [cuneiform] im Assyrischen den Lautwerth *kus* haben muss, *ru-*[cuneiform] also nicht *ru-su*[3], sondern ebenso wie *ru-ku-us rukus* zu lesen ist.

No. 6: [cuneiform] = *il* bez. *êl*.

Delitzsch führt als Lautwerth des Zeichens [cuneiform] (Schriftt. No. 141) *ili* auf, liest deshalb auch [cuneiform] [cuneiform] »Herr« (Schriftt. No. 41) *bi-ili*, wobei er *ili* für ein phonetisches Complement hält. [cuneiform] [cuneiform] »Herr« ist aber nicht Ideogramm mit phonetischer Ergänzung, sondern rein phonetisch geschrieben und *bê*[4]*-il* bez. *bê-êl* (*bêl*) zu lesen; das Zeichen [cuneiform] hat im Assyrischen nicht den zweisylbigen Lautwerth *ili*, sondern den einsylbigen *il* oder *êl*. Wenn S^a I, 15 *ili* als Lautwerth von [cuneiform] angegeben wird,

1) Wir haben hier also ein neues sicheres Beispiel für den Lautwerth *ruk* des Zeichens [cuneiform]. Vgl. Delitzsch, Anmm. zur Schriftt. No. 7.

2) *Rukkis* ist Imperativ des Intensivstammes, welcher im Assyrischen die Form *ḳuttil* hat. Vgl. *kuttim* »bedecke« (sum. *ša-mê-ni-dul*) IV R. 3, 34—37 a; *luppit* »vernichte« (sum. *mun-tag-tag*) IV R. 4, 34/35 b; *ubbib* »reinige« (sum. *laǵlaǵa* oder *ša-mê-ni-laǵlaǵ*) IV R. 13, 52/53 a. 28, 5/6. 58/59 a; *ullil* »mache glänzend« (sum. *ša-mê-ni-êl*) IV R. 5, 66 c. 28 l. c.; *uppissi* (statt *'³*uppiš₂-ši*) »ziehe sie aus« Höllenf. Obv. 38; *nu'²id* »erhebe, preise« (= **nuhhid*) Assurb. Sm. 125, 66; *tummi-ši* »beschwöre sie« Höllenf. Rev. 17; *mulli* (= **mullĭ'*¹) »fülle« IV R. 16, 30 b u. s. w. Das einzige mir bekannte Beispiel der Form *ḳattil* ist *rassib* »durchbohre« bez. *ra-si-ban-ni* (*rassib* + '¹*âni*) »durchbohre mich« Assurb. Sm. 239, 56 ff. Vgl. zu dieser Stelle Friedrich Delitzsch, Assyr. Studien, S. 133.

3) Schrader, Die Höllenfahrt der Istar, S. 120 und 126, liest statt *rukus* (nach Fox Talbot's Text) *ru-zu* und erklärt dies für den Imper. Ḳal des Stammes ארץ. Diese Form müsste aber nothwendiger Weise (vgl. '¹*âkul* »iss«, '¹*âhuz*₁ »fasse«) '¹*âruz* lauten. Wie daraus *ruzu* entstehen soll, vermag ich nicht einzusehen. Finden sich denn neben *akul* und *ahuz* auch die Formen *kulu* und *huzu*? oder neben '⁵*êrub* »tritt ein« die Form *rubu*? Wo soll überhaupt das *u* am Ende herkommen? kann man etwa im Arabischen statt *uḳtul* »tödte« auch *uḳtulu* sagen?

4) Der Lautwerth *bê* des Zeichens [cuneiform] ist assyrischen Ursprungs, abgeleitet von dem Sinnwerth *bêlu* »Herr« ebenso wie *tam* von [cuneiform] »Meer« ass. *tâmtu* bez. *tâmdu*, *kiš* von [cuneiform] »Schaar« ass. *kiššatu* (= **kinš₃atu*). Andere von den Assyrern neugebildete Lautwerthe sind: Schriftt. No. 22 [cuneiform] (»Stadt« ass. *êru*, sum. *uru*) = *êr*; No. 41 [cuneiform] (»todt« ass. *mîtu*) = *mit*; No. 44 [cuneiform] (»Same« ass. *zêru* = **zâru* = **zarru* = **zar'*⁴*u*) = *zir*; No. 80 [cuneiform] (»Haupt« ass. *rêšu* = **râš₃u*, sum. *saga*) — *riš*; No. 141 [cuneiform] (»Gott« ass. *ilu*) = *il*; No. 153 [cuneiform] (»Holz« ass. '⁴*iṣ₃u*, sum. *giš*) = *iṣ*; No. 210 [cuneiform] (»Herz« ass. *libbu*, sum. *ša*) = *lib*; No. 212 [cuneiform] (»Krieger« ass. *ṣâbu* = **ṣabbu* = **ṣ₂ab'*¹*u*, sum. *êrim*) = *ṣab*; No. 227 [cuneiform] (»Stier, Büffel« ass. *arhu* bez. *rîmu*, sum. *ab*) = *rîmi* bez. *rîm*.

so ist das ebenso aufzufassen, als wenn S^a I, 26; II, 20; S^a 3, 9. 10. 11 als Lautwerthe der Zeichen , , , , , welche im Assyrischen *dib*, *lik*, *én*, *in*, *ér* zu lesen sind, *dibi*, *liki*, *éni*, *ini*, *éri*[1] aufgeführt werden. Dazu kommt noch, dass IV R. 2, 4 c der Status constructus von *bélu* »Herr« geschrieben wird, während eine Variante d. i. *bé-él* (*bél*) bietet.

No. 7: = *lipa*.

Ein interessantes neues Beispiel eines zweisylbigen Lautwerthes finden wir IV R. 7. Hier ergiebt sich nämlich aus einer Vergleichung der Stellen IV R. 7, 46. 51 a. 5 b; 47 a. 8. 15 b; 48 a. 18. 25 b; 28. 35. 38. 45. 48. 55 b, dass in Zeile 25 b *lippašir* zu lesen ist, demnach den zweisylbigen Lautwerth *lippa* bez. *lipa* haben muss[2].

No. 8: = *šir*.

Man hat das Zeichen bisher in Formen wie *lippa*- »er werde gelöst« (Prec. Niph. von *pašáru*), *umaš*- »er verliess« (Impf. Paal von *mašáru*) *šar* gelesen; *umaššar* kann aber nur bedeuten »er wird verlassen« oder »er verlässt«, das Imperfectum »er verliess« muss nothwendigerweise *umaššir* lauten[3]. So ist auch in allen Fällen, wo *u-maš*- als Praeteritum erscheint, zu lesen; das Zeichen hat nämlich nicht nur den Lautwerth *šar*, sondern auch, wie S^b 350 in der von Friedrich Delitzsch richtig gestellten Lesung zeigt, den Lautwerth *šir*[4]. In den historischen Inschriften haben deshalb die Varianten statt nicht selten d. i. *šé-ir*, *šér*, *šir*.

---

1) Vgl. wegen dieses angehängten *i* S. 25.

2) Ueber andere Keilschriftzeichen mit zweisylbigen Lautwerthen siehe Delitzsch, Anmm. zur Schriftt. No. 1.

3) Es ist Zeit, dass dies endlich einmal klar gestellt wird: *unaššiḳu* »ich küsste«, *utakkilu* »ich ermuthigte«, *unakkiru* »ich veränderte«, *urappiš* oder (mit Epenthese des *i*) *urîpiš* (= **urâipiš* = *urâpiš* = *urappiš*) »ich erweiterte«, *ukanniš* oder *ukîniš* »ich unterwarf«, *unakkis* »ich hieb ab«, *upaḫḫir* »ich versammelte«, ʾ*u*ʾ*abbit* oder zusammengezogen ʾ*ubbit* »ich vernichtete«, *uddiš* (= ʾ*u*ʾ*addiš* bez. ʾ*uḫaddiš*) »ich erneuerte«, *ukîn* (= **ukavvin*) »ich setzte fest«, *unîḫ* (= **unavviḫ*) »ich beruhigte«, *utîr* (= **utavvir*) »ich brachte zurück«, *uṭîb* (= **uṭajjib*) »ich machte gut«, *umalli* (= ʾ*umalli*ʾ) »ich füllte«, *uraddi* »ich fügte hinzu«, *ušanni* »ich änderte« u. s. w. sind Imperfectformen des Paal. Die entsprechenden Präsensformen dagegen müssten *unaššaḳu* (vgl. IV R. 9, 60 a), *utakkalu*, *unakkaru* (vgl. II R. 11, 62 h), *urappaš* (vgl. IV R. 9, 4 b), *ukannaš*, *unakkas*, *upaḫḫar*, *ubbat*, *uddaš*, *ukân* (vgl. II R. 11, 68 h), *unâḫ* (= **unavvaḫ*), *utâr*, *uṭâb* (= **uṭajjab*, vgl. II R. 11, 71 f), *umallâ*, *uraddâ*, *ušannâ* (vgl. II R. 11, 63 h) lauten. Wie man sieht, ist die Differenzirung der beiden Formen *juḳattilu* und *juḳattalu* im Assyrischen durchaus anders als im Arabischen.

4) Ausser lassen noch folgende Keilschriftzeichen mehrfache vocalische Aussprache zu: 1) (Schriftt. No. 165) *laḫ* und *luḫ*; 2) (Schriftt. No. 220) *ḫar* und *ḫur* (vgl. S. 18 Anm. 1); 3) (ibid. No. 112) *daḫ* und *duḫ*; 4) (No. 166) *lab* und *lib*; 5) (No. 161) *saḫ* und *siḫ*; 6) (No. 191) *lub* und *lib*; 7) (No. 233) *num* und *nim*; 8) (No. 22) *ér* und *ur*; 9) (No. 216) *aḫ*, *iḫ*, *uḫ*; 10) (No. 215) ʾ*a*, ʾ*i*, ʾ*u*; *a*ʾ, *i*ʾ, *u*ʾ.

No. 9:  = *šar* bez. *šur*.

Dass das Zeichen  im Sumerischen *šar* gelesen wurde, ist bekannt; dass es auch im Assyrischen den Lautwerth *šar* hat, war aber bisher nur durch ein einziges von Friedrich Delitzsch (Anmm. zur Schriftt. No. 214) angeführtes Beispiel nachgewiesen. Eine zweite Belegstelle für diesen neuen Lautwerth ist, wie ich glaube, II R. 11, 45 h, wo *ip* -  als Uebersetzung des sum. *in-gab*, das in der vorhergehenden Zeile durch ass. *ipṭuru*[1] »er liess frei« wiedergegeben wird, doch wohl nicht *ip-ḫi*[2], sondern *ip-šar* zu lesen ist. Statt *ipšar* erwartet man übrigens, da der Imperativ von *pašáru*[3] nicht *pašar*, sondern *pušur* lautet, die Form *ipšur*. Es ist möglich, dass, ebenso wie  *ḫar* und *ḫur* gelesen wurde, auch  neben *šar* den Lautwerth *šur* hatte und *ip* -  demnach *ipšur* zu lesen ist. Unbedingt nothwendig ist diese Annahme aber nicht; dass ein und derselbe Stamm sowohl ein Imperfectum *a* als ein Imperfectum *u* bildet, ist ja in den semitischen Sprachen nichts Unerhörtes.

No. 10:  = *ṣup*.

Aus II R. 20, 1—23 c. d scheint mir hervorzugehen, dass das Zeichen  im Assyrischen neben *zik* auch noch den Lautwerth *ṣup* hat,  also *ṣup-rum* zu lesen ist. Da  Sᵇ 198 links durch sum. *ǵaš*, rechts durch ass. *sapru* erklärt wird, so könnte man  zur Noth auch als Ideogramm mit phonetischer Ergänzung fassen und statt *ṣup-rum sap-rum* lesen. Mir erscheint dies aber wenig wahrscheinlich.

Zum Schluss dieses Abschnittes möchte ich noch einige Bedenken gegen zwei allgemein angenommene Lesungen äussern. Sämmtliche Assyriologen lesen  *ai* und  *ja*. Ich glaube nicht, dass man damit das Richtige getroffen hat.

---

1) Vgl. S. 8; Delitzsch, Assyr. Studien, S. 35; IV R. 7, 35/36 a; 19, 12/13 b: *ša-mé-ni-gab* = ass. *puṭur-va* »löse und«; IV R. 16, 60/61 b. 17, 57/58 a: *ǵén-gaba* bez. *ǵé-gabgab* = ass. *lippaṭir* »er werde gelöst«.

2) *Iphi* würde grade das Gegentheil bedeuten; der assyrische Stamm *piḫû* (= **paḫá'u*) bedeutet nämlich »zuschliessen«. Vgl. z. B. Sintfl. II, 32 (Delitzsch, Assyr. Lesestücke, S. 84): *'ˢérub* (vgl. S. 26 Anm. 3) *'ana libbi 'élippi-va piḫi* (= **piḫi'*) *bábka* (var. *dalatka*) »gehe in das Schiff (das Innere des Schiffes) und schliesse deine Thüre zu«; Sintfl. II, 37: *'érub* (= **'árub* = **'a'ˢrub*) *'ana 'élippi-va 'aptiḫi bábi* »ich ging in das Schiff und schloss zu meine Thür«. — Die Form *aptiḫi* ist durch Epenthese des *i* aus *aptáḫi* entstanden, ebenso wird aus *artádi* »ich zog« *artidi*, aus *aḳtárib* »ich näherte mich« *aḳtirib*. Vgl. ferner *iltiḳi* »er nahm« = **iltaiḳi* = *iltáḳi* = **jaltáḳiḥ*; *iptiḳid* »er übergab« = *iptáḳid*; *luptiḫir* »(wahrlich) ich versammelte« = **lû'uptáiḫir* = *lû'uptáḫir* = *lû'uptaḫḫir*; *lúpirir* »ich zerbrach« = *lû'uparrir*; *ušimḳit* »ich überwältigte« = *'uš₃amḳit*; *ušiklil* »ich vollendete« = *'uš₃aklil*; *ušikniš* »ich unterwarf« = *'uš₃akniš*; *anini* »wir« = **anáini* = **anáni* = **'ana'ˢni* (*anaḫni*); *iḫtiṭûnika* (*iḫ-ti-iṭ-ṭu-u-nik-ka*) »sie haben sich gegen dich versündigt« = **iḫtiṭi'ûnika* = **jaḫṭáṭi'ûni-ka*; *mušimṣû* »finden machend« = **mušimṣi'û* = **muš₃amṣ₁i'u* u. v. a.

3) In den zusammenhängenden bilinguen Texten entspricht dem assyrischen Stamm *pašáru* die sumerische Wurzel *bur* (vgl. Sᵇ 172), z. B. IV R. 7, 35/36 a: *ša-mé-ni-bur ... ša-mé-ni-gab* = ass. *pušur-va ... puṭur-va* »löse und ... befreie und«; ibid. 48 a: *ǵé-én-bur-ré* (*ǵén-bur-é*) = ass. *lippašir* »er werde gelöst«; IV R. 16, 9/10 a: *nam-mu-un-da-an-bur-ra* (*nam-mun-dan-bura*) = ass. *ai ippašaru* (= **janpašaru*, Praes. Niph.) »er wird nicht gelöst«.

a) In gewissen Fällen kann 𒀀𒀀 (d. i. *a* + *a*) unmöglich *ai* zu lesen sein. So lautet z. B. der Precativ des Intensivstammes[1] von *kânu* (= **kavânu*) *lu-u-ka-*𒀀𒀀*-an*. Schrader[2] liest diese Form *lu-u-ka-ai-an* bez. *lukayan*; wie aber nach assyrischen Lautgesetzen aus **lújukavvan lukayan* bez. *lúkajjan* hervorgehen soll, ist mir vollkommen unerfindlich[3]. Dazu kommt, dass wir neben *u-ka-*𒀀𒀀*-an* auch die Schreibungen *u-ka-*𒀀*-an*[4] und *u-ka-an* bez. *u-kân*[5] finden. Ebenso haben wir neben *ta-*𒀀𒀀*-rat* »Rückkehr« auch die Form *târat*. Ferner wird das Participium صَائِد »jagend« nicht nur *ṣa-i-du* (d. i. *ṣâ'idu*), sondern auch *ṣa-*𒀀𒀀*-i-du*[6] geschrieben. Daraus ergiebt sich, dass 𒀀𒀀 im Assyrischen ebenso wie im Sumerischen (vgl. S. 18 Anm. 8) den Lautwerth *â* gehabt haben muss. *Lu-u-ka-*𒀀𒀀*-an* »er soll legen«, *ta-*𒀀𒀀*-ar-ti-*𒅀 »meine Rückkehr«, *da-*𒀀𒀀*-nu* »Richter«, *ṣa-*𒀀𒀀*-i-du* »jagend« sind demnach *lûkân*, *târtî'a*, *dânu* und *ṣâ'idu* zu lesen.

b) 𒀀𒀀 heisst »nicht« (äth. አ:), 𒀀𒀀*-u*[7] »wer« (arab. *'ajju*), 𒀀𒀀*-umma* »irgend einer« (arab. *'ajjuman*), 𒀀𒀀*-lu* »Widder« (hebr. אַיִל). Nach assyrischen Lautgesetzen wird *ai* zu *î* monophthongisirt: بَيْت wird zu *bîtum*, عَيْن zu *'înum*, **aidi* »ich wusste« zu *îdî*, **taiş̌î* »du hattest« zu *tîšî*, **ṣabaitum* »Gazelle« zu *ṣabîtum*, **šiḳaitum* »Bewässerung« zu *šiḳîtum*; ebenso gehen **utair* (= **uta'ir* = **jutavvir*) »er machte«, **unaiḫ* (= **una'iḫ* = **junavviḫ*) »er beruhigte«, **ukain* (= **uka'in* = **jukavvin*) »er

1) Ich möchte für die assyrischen Conjugationen folgende Namen vorschlagen: 1) *iḳtul* bez. *iḳâtal* Qal, 2) *uḳattil* Intensivstamm; 3) *ušaḳtil* *S*-stamm; 4) *iḳḳatil* (= *inḳatil*) *N*-stamm; 5) *iḳtâtil* *Ta*-bildung. Zur Abkürzung könnte folgende Bezeichnungsweise dienen: Q = *iḳtul*, Q^t = *iḳtâtil*, Q^{tn} = *iḳtânatil*; I = *uḳättil*, I^t = *uḳtattil*; S = *ušaḳtil*, S^t = *uštaḳtil*; N = *iḳḳatil*, N^t = *ittaḳtil* (= **jantaḳtil*), N^{tn} = *ittanâḳtil*. Die Namen Paal, Niphal, Ifteal u. s. w. sind, wie Jedermann zugeben wird, für das Assyrische, wo das gemeinsemitische Perfectum erst in der Entwicklung begriffen ist (siehe darüber meinen S. 7 citirten Aufsatz), nicht recht passend.

2) Siehe »Die Höllenfahrt der Istar« S. 122 f.

3) Die aramäische Bildungsweise ܢܩܘܡ, ܢܩܝܡ kann man doch nicht ohne Weiteres dem Assyrischen oktroyiren!

4) Nach Delitzsch, Assyr. Studien, S. 52, wäre allerdings auch *u-ka-a-an* »zweifelsohne« *ukajan* zu lesen. Dies ist aber meiner Ansicht nach unrichtig; *ta-a-am-tu* »Meer« (IV R. 30, 16 a) kann doch nur *tâmtu* (= *tâmatu* = **tahmatu*) und nicht *taimtu* gelesen werden. Ebenso ist *da-a-an* »Richter«, *ta-a-an* »Mass« u. s. w. nicht *dajan*, *tajan* bez. *dain*, *tain*, sondern *dân*, *tân* (vgl. *ištânu* IV R. 16, 8 a) zu lesen.

5) Augenblicklich ist mir keine Stelle erinnerlich, wo grade das Präsens *ukân u-ka-an* oder *u-kan* geschrieben wäre; dagegen lässt sich bei den entsprechenden Formen anderer Verbalstämme die analoge Schreibung zur Genüge belegen.

6) Delitzsch, Assyr. Studien, S. 42, liest *ṣa-*𒀀𒀀*-i-du ṣa-ai-i-du* bez. *ṣai'idu* und meint, »der Vocal *a* sei in dieser Form durch rückwirkenden Einfluss des *i* diphthongirt«. Ich kann dieser Auffassung nicht beistimmen; die Epenthese des *i* stellt sich, wie wir S. 63 Anm. 2 gesehen haben, im Assyrischen anders dar.

7) Siehe z. B. IV R. 9, 52 a: 𒀀𒀀*-u ilu mâlaka* (= **malla* = *mal'a*) *imṣi* (= **jamṣi'*) »welcher Gott hat deine Fülle gefunden?« (vgl. George Smith's Chald. Genesis, S. 282), ferner IV R. 67, 58 a: 𒀀𒀀*-u ṭêm* (טְעֵם) *ilâni ḳirib šamê ilâmad* »wer erlernt das Gebot der Götter im Himmel?«, was im Sumerischen *aba kimmu dingirênê ana-šagâ-ta mun-zua* heissen müsste.

setzte fest«, **utaib* (= **uṭa'ib* = **juṭajjib*) in *ulîr*, *uniḫ*, *ukîn* und *uṭîb* über. Ist es nun möglich, dass in *ai* »nicht«, *aiu* »wer«, *aiumma* »irgend einer«, *ailu* »Widder« — so lesen sämmtliche Assyriologen diese Formen — sich der Diphthong ungeschwächt erhalten habe?

c) 𒀀𒀀 im Anlaut wechselt unterschiedslos mit 𒅀. Nach der allgemein angenommenen Erklärung liegt hier Metathesis vor; sollten aber die Assyrer wirklich zu gleicher Zeit *aibu* und *jabu* »Feind«, *aiši* und *jaši* »mich«, *aiumma* und *jaumma* »irgend einer«, *ainu* und *janu* »wo« u. s. w. gesprochen haben? Folgt nicht vielmehr daraus, dass 𒀀𒀀 und 𒅀 in diesem Falle denselben Lautwerth gehabt haben müssen?

d) *Janu* muss ebenso wie *ainu* im Assyrischen zu *inu* werden (vgl. S. 21 Anm. 1); sollten da nicht 𒀀𒀀 und 𒅀 im Anlaut beide den Lautwerth *i* gehabt haben?

Es wäre zu wünschen, dass diese Fragen in Zukunft allseitig im Auge behalten werden; denn nur durch vereinte Bemühungen kann hier Klarheit erzielt werden. Mir scheint Folgendes das Richtige zu sein: 1) 𒀀𒀀 hat niemals, weder im Sumerischen noch im Assyrischen, den Lautwerth *ai*. 2) 𒀀𒀀 im Inlaut hat im Assyrischen stets den Lautwerth *á*. 3) 𒅀 ist in gewissen Fällen, besonders in fremden Eigennamen und im Pronom. suffix. der ersten Person in seine Bestandtheile 𒄿 (*i*) und 𒀀 (*a*) zu zerlegen und *ía* zu lesen, also nicht *Ya-hu-a*, *Ya-hu-da-ai* (Schrader), sondern *'Ja'û'a*, *'Ja'ûdâ'a* (d. i. hebr. יֵהוּא, chald. יְהוּדָי), ebenso nicht *a-bi-ja* »mein Vater«, *a-ḫi-ja* »mein Bruder«, sondern *abî'a*, *aḫî'a*[1] u. s. w. 4) 𒀀𒀀 und 𒅀 im Anlaut scheinen den Lautwerth *i* zu haben. Dass 𒅀 die Sylbe *i* bezeichnet, ist nicht befremdlich; ebenso wenig kann auffallen, dass 𒀀𒀀 also *a* + *a* = *i* ist; auch im Aegyptischen ist ja 𓇋 *á*, 𓇌 dagegen *í* bez. *ī*.

IV.

Der Uebergang von *â* in *ê* im Assyrischen.

Die wichtigste, aber bisher gänzlich unbeachtet gebliebene Erscheinung im Bereich des assyrischen Vocalismus ist der Uebergang von *á* in *é*.

Ich lasse hier zunächst einige Beispiele folgen: 1) *imêru* »Esel« = *'³imâru*, arab. حِمَار, aram. חֲמָרָא, ܚܡܪܐ. 2) *šumêlu* »links« = *š₂umâlu*, arab. شِمَال.

---

1) Zur Lesung *aḫî'a* statt *aḫija* bestimmt mich Folgendes. a) Der Spirant *j* fällt im Assyrischen zwischen Vocalen lautgesetzlich aus: **š₃akâju* »bewässern« wird zu **šaka'u* bez. *šakû*, **juṭajjab* »er thut wohl« zu **juṭa'ab* bez. *uṭâb*, **juṭajjib* »er that wohl« zu **juṭa'ib* bez. *uṭîb*; diesem Lautgesetz kann sich das *j* in *abija*, *aḫija* unmöglich entzogen haben. b) *aḫuja* »mein Bruder« wird im Assyrischen regelmässig zu *aḫû'a*; schon dies macht es höchst wahrscheinlich, dass die Assyrer auch statt *aḫija* und **'¹inâja* *aḫî'u* (*a-ḫi-i-a*) und *'inâ'a* (*i na a a*, nicht *ina ai*!) sprachen. c) Neben [Keilschrift] 𒅀 »mein Königthum« findet sich auch sehr oft die (defective) Schreibung [Keilschrift] 𒀀, vgl. z. B. Assyr. Lesestücke S. 98, Z. 22. Endlich wird d) die Form *maḫ-ri-*𒅀 (in der unzählige Mal vorkommenden Wendung *ina šarrâni alik maḫrî'a*, vgl. Delitzsch, Assyr. Studien, S. 6) in der Tafelunterschrift IV R. 17, 43 b [Keilschrift] 𒀀 geschrieben.

3) *réšu* (plene *ri-é-šu*) »Kopf« (vgl. chald. רֵאשׁ) = *rášu* (vgl. hebr. רָאשִׁים) = **ra'^{1}š$_3$u*, arab. رَأْس. 4) *ṣênu* (plene *ṣi-é-nu*) »Kleinvieh« = **ṣânu* (vgl. ܥܳܢܳܐ) = **ṣ$_3$a'^{1}nu*, arab. ضَأْن. 5) *nêšu* (plene *ni-é-šu* Sm. 954 Obv. 14. II R. 5, 7 b) »Löwe« = **nášu* = **na'^{2}š$_3$u* bez. **nahš$_3$u*, vgl. arab. نَهُوس, نَهَّاس, مِنْهَس »leo«; das Femininum lautet *néštum* (plene *ni-éš-tum* II R. 5, 8 b. 6, 31 b) = **nêšatum* = **nâšatum* = **na'^{2}š$_3$atum*, vgl. S. 6 Anm. 1. 6) *ṣêru* (plene *ṣi-é-ru*) »Wüste« = **ṣâru* = **ṣ$_2$a'^{3}ru* bez. *ṣ$_2$aḥru*, vgl. arab. صَحْرَاء. 7) *rêmu* (plene *ri-é-mu*) »Gnade« = **râmu* = **ra'^{3}mu* bez. *raḥmu*, syr. ܪܽܘܚܡܳܐ, vgl. arab. رَحْم. 8) *šêru* »Morgen« = **šâru* = **š$_3$a'^{3}ru* bez. *š$_3$aḥru*, hebr. שַׁחַר, vgl. arab. سَحَر, سَحْرَة. 9) *rêbitu* »breite Strasse« = **rêbatu*, = **râbatu* = **ra'^{3}batu* bez. *raḥbatu*, vgl. arab. رَحَبَة, رُحْبَة. 10) *bêlu* »Herr« (vgl. chald. בְּעֵל, syr. ܒܥܶܠ, ܒܥܶܠܳܐ[1]) = *bâlu* (äth. በዐል:) = **ba'^{4}lu* bez. *baʿlu*, arab. بَعْل »Ehemann«; fem. *bêltum* = **bêlatum* = **bâlatum* = بَعْلَة. 11) *ṭêmu* »Befehl, Botschaft« (vgl. chald. טְעֵם[2]) = **ṭâmu* = **ṭa'^{4}mu*, vgl. arab. طَعْم »sapor«. 12) *šêlibu* »Fuchs« = **šêlabu* = **šâlabu* = **š$_1$a'^{4}labu*, arab. ثَعْلَب.

Besonders häufig zeigt sich dieser Lautübergang bei den Formen der Verba פ״א; vgl. 13) *êkulu* »er ass« = *jêkulu* (chald. יֵאכֻל) = *jâkulu* (neuarab. يَاكُل) = *ja'^{1}kulu*, arab. يَأْكُل. 14) *êmurû* »sie sahen« = *jêmurû* (vgl. chald. יֵאמַר) = *jâmurû* = *ja'^{1}murû*, vgl. arab. يَأْمُرُوا. 15) *êrubû* »sie traten ein« = **jêrubû* = **jârubu* = **ja'^{5}rubû*, vgl. arab. يَغْرُبُوا. 16) *êrub* »ich trat ein« = **ârub* = **'^{1}a'^{5}rub*, vgl. arab. أَغْرُب. 17) *êbir* »ich überschritt« = **âbir* = **'^{1}a'^{4}bir*, arab. أَعْبُر. 18) *êmid* »ich legte auf« = **âmid* = **'^{1}a'^{4}mid*, arab. أَعْمِد. 19) *êṣin* »ich nahm zusammen« = **âṣin* = **'^{1}a'^{3}ṣ$_3$in*, arab. أَحْصِن. 20) *ušêtiḳ* »ich zog« = **ušâtiḳ* = **'^{1}uš$_3$a'^{4}tiḳ* (عتق). 21) *ušêribû* »sie liessen eintreten« = **jušâribû* = **juš$_3$a'^{5}ribû* (غرب). 22) *uštêlî* »ich brachte hinauf« = **uštâlî* = **'^{1}ušta'^{4}lî* (علي). 23) *itêbir* »er überschritt« = **jatâbir* = **jata'^{4}bir* (عبر). 24) *itêlâ* »es stieg empor« = **jatâlâ* = يَتَعْلَى*. 25) *šutêmuḳu* »inbrünstiges Flehen« = **šutâmuḳu* = *š$_3$uta'^{4}muḳu* (عمق) u. s. w. u. s. w.

---

1) Die Formen ܒܥܶܠ, ܝܽܘܡ, ܥܰܝܢ verhalten sich zu ܒܥܶܠܳܐ, ܝܽܘܡܳܐ, ܥܰܝܢܳܐ offenbar wie ass. *bélu*, *úmu* (= *júmu*), *'^{4}înu* zu arab. بَعْل, يَوْم, عَيْن.

2) Sollte בעל טעם (Esra 4, 8. 9. 17) wirklich בְּעֵל טְעֵם und nicht vielmehr *bêl ṭêm* (בֵּעל טֵעם) gesprochen worden sein?

3) Formen der Verba פ״ו wie *ušêbila* »ich brachte«, *ušêšib* »ich setzte«, *ušêṣû* (= **juš$_3$ê-ṣ$_3$i'^{1}û*) »sie führten heraus« können nicht als Beispiele für den Uebergang von *â* in *ê* angeführt werden. Dieselben sind überhaupt nicht auf rein lautlichem Wege aus **'^{1}uš$_3$aubila*, **'^{1}uš$_3$auš$_1$ib* und **juš$_3$au-ṣ$_3$i'^{1}û* entstanden, vielmehr associative Neubildungen nach Analogie der Verba פ״א. Aus **juš$_3$auṣ$_3$i'^{1}û* hätte nimmermehr *ušêṣû*, sondern nur **ušûṣû* werden können. Auch *attašab* »ich setze mich« (vgl. arab. يَتَّعِد), *ittaṣûni* »sie kamen heraus«, *muttabil* »tragend« (vgl. arab. مُتَّعِد) sind Analogiebildungen

Alle diese Beispiele lassen irgend eine andere Erklärung, die sprachwissenschaftlich berechtigt wäre, nicht zu: *é* geht im Assyrischen ausnahmslos auf älteres *â* zurück. Der Hauchlaut hat mit diesem *Ê*-vocal direct gar nichts zu schaffen; *é* tritt stets erst auf, nachdem der Hauchlaut längst untergegangen ist: erst wird aus **ra'^{1}š$_3$u* »Kopf« *râšu* (vgl. רָאשִׁים) und dann, nachdem das א in dem *â* quiescirt, geht das *â* in *é* über. Im Hebräischen trübte sich dieses *â* zu *ô*, sodass aus *râšu* ראֹשׁ entstand[1]. So wenig nun im Hebräischen das א diese Trübung des *â* zu *ô* bewirkt hat, so wenig ist das *é* in ass. *réšu*, chald. רֵאשׁ durch den Hauchlaut hervorgerufen worden.

Was die Aussprache dieses Vocals anbelangt, so ist 𒂊 nach meiner Ansicht entschieden *é* bez. *ä* zu sprechen. Nichts kann verkehrter sein, als 𒂊 durch *'i* (עִ) wiederzugeben und demgemäss z. B. statt *ékul* »er ass«, was nach S. 21 Anm. 1 ganz regelmässig aus יֵאכַל entstanden ist, *'ikul* (עִכֻל?!) zu schreiben. Auch die Transcription *i* ist, wie schon Oppert (Gött. gel. Anzz. Stück 33, 1878, S. 1033 f.) bemerkt hat, zu verwerfen. Dass 𒂊 wirklich *é* gesprochen wurde, zeigt schon, von anderen Momenten ganz abgesehen, die Vocalisation assyrischer Lehnwörter im Hebräischen. Warum wird *ékálu* »Palast« (sum. *é gal* »grosses Haus«) im Hebräischen zu הֵיכָל, *ištén* »eins« (sum. *aštân* »eins an Zahl«) zu עַשְׁתֵּי[2], *Êlamtu* zu עֵילָם, warum *bêlu* zu בֵּל, *šêdu* zu שֵׁד, wenn 𒂊 nicht *é* gesprochen wurde? Wie wären auch die griechischen Schriftsteller darauf verfallen, *néru* »Ner« d. i. die Zahl 600 (sum. *nêr*) durch *νῆρος*[3] wiederzugeben? All dies kann doch unmöglich nur zufällig sein.

In späterer Zeit ging dieses *é* allerdings in *í* über[4]. Deshalb wurde dann auch statt *šumélu* »links«, *mélammé* (= sum. *mélam*) »Glanz«, *émur* »er sah«, *êpuš* »er machte«, *érubûni* »sie traten ein« u. s. w. mit phonetischer Orthographie *šumîlu*,

---

nach *attalak* (= **ahtalak*, vgl. S. 10 Anm. 1) »ich zog«, *ittalkû* (= **jattalkû* = **jahtálikû*) »sie marschirten«, *muttallik* (= **muhtallik*) »sich hin und her wälzend« u. s. w. und nicht etwa durch Assimilation des *v* aus **autašab*, **jautáşi'ûni*, **muvtabbil*, woraus nach assyrischen Lautgesetzen nur **ûtašab*, **ûtaşûni*, *mûtabil* werden konnte, entstanden. Dieser Unterschied ist wohl zu beachten.

1) Wir finden deshalb öfter an Stelle eines assyrischen *é* im Hebräischen ein *ô*; vgl. *'^{3}iméru* »Esel«, hebr. חֲמוֹר, arab. حِمَار, chald. חֲמָרָא, syr. ܚܡܳܪܳܐ; *š$_2$umélu* »links«, hebr. שְׂמֹאל, arab. شِمَال; *réš$_3$u* »Kopf«, hebr. ראֹשׁ (Plur. רָאשִׁים), arab. رَأْس, chald. רֵאשׁ (Plur. רֵאשִׁין und רָאשִׁין), syr. ܪܺܫܳܐ, äth. ርእስ:, das später (vgl. Dillmann, Grammatik § 46, b) wie *rees* bez. *rés* gesprochen wurde; *ş$_3$ênu* »Kleinvieh«, hebr. צֹאן, arab. ضَأْن, chald. עָאן, עָנָא, syr. ܥܳܢܳܐ; *ókulu* (— *jékulu*) »er ass«, hebr. יֹאכַל (= **jâkilu*), arab. يَأْكُل, chald. יֵאכֹל, syr. ܢܶܐܟܽܘܠ, vgl. äth. ይእኅዝ:, ይእክል: von አክለ: »reichen«; *émur* (= *jêmur*) »er sah«, vgl. hebr. יֹאמַר »er sagt«, arab. يَأْمُر »er befiehlt«, chald. יֵאמַר, syr. ܢܺܐܡܰܪ u. s. w.

2) Dass das so lange räthselhaft gebliebene hebr. עַשְׁתֵּי »eins« ein sumerisches Lehnwort ist, hat zuerst Friedrich Delitzsch (siehe George Smith's Chald. Genesis, S. 277 ff.) erschlossen.

3) Vgl. dazu Friedrich Delitzsch's Aufsatz »Soss, Ner, Sar« in der Zeitschrift für Aegyptische Sprache und Alterthumskunde, Jahrgang 1878, S. 56 ff.

4) Vgl. ass. *réšu*, chald. רֵאשׁ, syr. ܪܺܫܳܐ; ass. *šêdu*, hebr. שֵׁד, syr. ܫܺܐܕܳܐ; ass. *émur*, chald. יֵאמַר, syr. ܢܺܐܡܰܪ u. s. w.

mîlammî, *îmur*, *îpuš*, *îrubûni* geschrieben. Noch verwickelter wird die Sache dadurch, dass nunmehr, da man *ê* wie *î* sprach, umgekehrt auch *ê* an die Stelle von *i* gesetzt wurde[1]. So findet man z. B. statt *'înu* (حين) »Zeit« und *'înu* (عين) »Auge« *ênu* geschrieben, statt *aptîḫî* »ich schloss zu« *aptêḫî*, statt *nêribîti šupšuḳâti*[2] »unwegsame Engpässe« (Tig. IV, 53. 54, Assyr. Lesestücke, S. 95) *nîribîtê šupšuḳâtê* u. s. w. u. s. w. In gewissen Fällen aber wurde die historische Orthographie mit *ê* stets beibehalten. Mir ist kein Beispiel bekannt, wo statt *ṣi-ê-ru* »Wüste« *ṣi-i-ru* geschrieben wäre; auch werden kaum Stellen zu finden sein, an denen statt *ri-ê-šu* »Haupt«, *ṣi-ê-nu* »Kleinvieh«, *ri-ê-mu* »Gnade« u. a. *ri-i-šu*, *ṣi-i-nu*, *ri-i-mu* geschrieben wird. Ebenso wird die Sylbe *šê* in den Formen des *Š*-stammes, desgleichen das *tê* in den *Ta*-bildungen der Verba פ״א bez. פ״י, so viel ich sehen kann, ausnahmslos 𒊺 und 𒋼, aber niemals 𒅆 (*ši*) bez. 𒋾 (*ti*) geschrieben.

Für uns ist es deshalb sicher das Beste, überall, wo die Schreibung mit *ê* sprachgeschichtlich berechtigt ist, auch wirklich *ê* zu lesen. Dass dieses *ê* von den Assyrern später wie *î* gesprochen wurde, kann uns hierbei vollständig gleichgültig sein; wir sprechen ja auch 𒊓 nicht *sa* (סָ), sondern *ša* (שָׁ), trotzdem wir sicher wissen, dass die Assyrer ebenso wie die Aethiopier[3] das *š* (ሠ) im Laufe der Zeit mit *s* (ሰ) zusammenfallen liessen[4].

---

1) In ähnlicher Weise schrieb man statt *ukânû* »sie setzen fest«, *ûrâšu* »ich warf ihn«, *utîrû* »sie brachten zurück«, *munîḫu* »beruhigend«, *Ṣûru* »Tyrus«, *Ṣidûnu* »Sidon«, da die Assyrer in späterer Zeit فَعَّل wie فَاعِل sprachen, *ukannu*, *ûraššu*, *utirru*, *muniḫḫu*, *Ṣurru*, *Ṣidunnu*.

2) So und nicht *rušuḳâti* muss natürlich gelesen werden; vgl. unter andern Stellen Assurb. Sm. 55, 73: *urḫî pašḳûti* »unwegsame Pfade«, ibid. 75, 22: *šadî pašḳûti* »unwegsame Gebirge«.

3) Vgl. Dillmann, Grammatik S. 51.

4) Vgl. Schrader's treffliche Abhandlung »Ueber die Aussprache der Zischlaute im Assyrischen« (Abhandlungen der Königl. Akademie der Wissenschaften zu Berlin, 5. März 1877).

Nachträge und Berichtigungen.

(NB! Die durch nachgesetztes *Del.* gekennzeichneten Abschnitte sind Beigaben von Friedrich Delitzsch).

Zu S. 5. Der unter II. a) aufgeführte sumerisch-assyrische Text ist weniger ein Wörterbuch als vielmehr eine assyrische Präparation d. h. die Wort für Wort fortschreitende Analyse und assyrische Erklärung eines zusammenhängenden sumerischen Textes. Die II R. 31 No. 2 veröffentlichte Tafel gehört, wie ihre äussere Gestalt und die Anordnung ihres Inhaltes lehrt, wenn auch vielleicht nicht zu der nämlichen Tafel, von welcher das Britische Museum in Sm. 11 noch ein anderes, grösseres Fragment besitzt (dies die Meinung George Smith's), so doch sicher zu der gleichen Serie von Tafeln. Die Texte II R. 31 No. 2, Sm. 11, weiter K. 2053 sowie ein von Rassam 1878 mitgebrachtes kleines Bruchstück sind sämmtlich Präparationen zu jenen ursprünglich sumerischen Texten, welche George Smith mit hoher Wahrscheinlichkeit als zur babylonischen Sündenfallerzählung zugehörig betrachtete, und speciell zu dem in meinen Assyrischen Lesestücken S. 80 f. mitgetheilten Fragment 18. Um dies wenigstens an einer Zeile zu zeigen, so lautet Obv. 6 dieses Textes:

il *ša - a - ri* *ṭa - a - bi* *bê - êl* *taš - mi - i* *u* *ma - ga - ri*

d. h. »der Gott des guten Windes, der Herr der Erhörung und Gnade«.

Zu dieser Zeile oder besser zu ihrem sumerischen Original bietet nun Sm. 11 col. II, 14—19 die Präparation. Sie lautet:

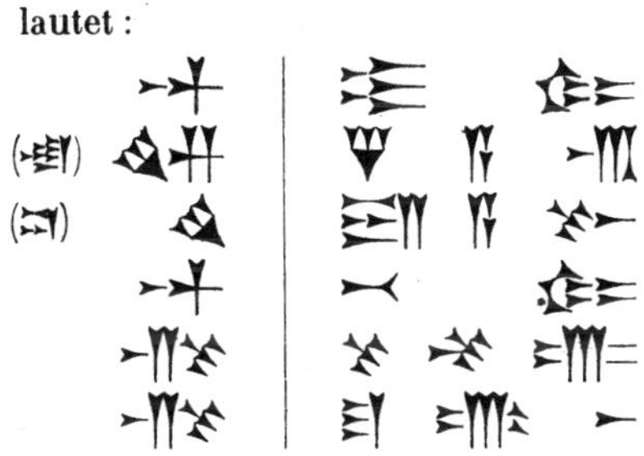

d. i. *i-lum* »Gott«
d. i. *ša-a-ri* »Wind«
d. i. *ṭa-a-bu* »gut«
d. i. *bê-lum* »Herr«
d. i. *šê-mu-u* »erhören«
d. i. *ma-ga-ru* »gnädig sein«.

In dieser Weise werden, je durch horizontale Striche geschieden, alle einzelnen Zeilen jenes Textes behandelt. — Es sei mir gestattet, hier in Kürze noch zwei andere Mittheilungen anzuschliessen, welche diesen in mehrfacher Hinsicht unschätzbaren Präparationen entnommen sind. Die erste ist, dass wiederholte Angaben derselben die bislang übliche Lesung des räthselhaften Ausdruckes *Ti-amat* (z. B. Assyr. Lesestt. S. 81, Z. 5. 82, Z. 13), nämlich *Kir-kir Ti-amat*, als falsch erweisen und dafür lehren (worauf wohl so bald niemand verfallen wäre), dass vielmehr *ḳir-biš Ti-amat* »im Innern Tiamat« gelesen werden muss. Damit wird auch die unklare und stark mit Irrthümern vermengte Auseinandersetzung Oppert's in den Gött. Gel. Anzz. 1878, Stück 34, S. 1069 f., gegenstandslos. — Als zweites entnehmen wir ihnen die durch eine Glosse an die Hand gegebene, bisher unbekannte sumerische Aussprache des bekannten Ideogramms , nämlich d. i. *mu*. — *Del.*

Zu S. 7 Anm. 1. Statt »Vergl. äthiop. *'isḳĕl*, *'isḳĕlû*, *'isáḳĕl*, *'isáḳĕlû*« lies: »Vergl. äthiop. *jĕsḳĕl*, *jĕsḳĕlû*, *'isáḳĕl*, *'isáḳĕlû*«. Vgl. dazu A. Dillmann, Grammatik der äthiopischen Sprache, S. 31, sowie Gesenius-Kautzsch, Hebräische Grammatik, S. 104, dritter Absatz.

Zu S. 8 Anm. 4. Die grosse Menge der assyrischen Wörter, welche sich mit solchen in den verwandten Sprachen auf keine ungezwungene Weise in Verbindung setzen lassen — vgl.

Th. Nöldeke in ZDMG. XXXIII, S. 331 — erklärt sich sehr einfach aus dem massenhaften Einströmen sumerischen Sprachguts. Das Sumerische spielt im Assyrischen ungefähr dieselbe Rolle wie das Griechische im Syrischen. Auch das Wort *karanu* »Wein«, dem Nöldeke auf der angeführten Seite seiner gehaltvollen Recension einige Worte widmet, ist aus dem Sumerischen in das Assyrische übergegangen. Im Sumerischen heisst sowohl *gištin*, d. i. »Holz des Lebens«, als auch *karan* »Wein«. Mit dem talmudischen קרינא, das Schrader nach Delitzsch's Vorgang (siehe George Smith's Chald. Genesis, S. 298) zur Vergleichung herangezogen hat, kann *karan-karanu*, wie Nöldeke richtig vermuthet, nicht zusammengestellt werden. — »Die wüste Regellosigkeit in der Vocalisation und den Endungen«, die Nöldeke »auf's äusserste befremdet«, werde ich an andrer Stelle in das rechte Licht zu setzen suchen.

Zu S. 9 Anm. 4. Für »Cypresse« hat das Babylonisch-Assyrische zwei Wörter: zunächst *burâšu*, welches in dem Wörterbuch K. 4346 col. II, 2. 4 als assyrisches Aequivalent der beiden Ideogramme  und  aufgeführt wird und in der Bedeutung »Cypresse« durch die historischen Texte gesichert ist; sodann *šur-mê-nu*, ein Lehnwort aus sum. *šur-man*. In der Rassam'schen Sammlung, welche mir bald nach ihrer Ankunft im British Museum in Augenschein zu nehmen durch die rühmenswerthe Freundlichkeit und Uneigennützigkeit Sir Henry Rawlinson's und Dr. Birch's im Sommer 1878 gestattet war, befindet sich ein Fragment, welches nur Wörter mit dem Determinativ  behandelt und unter andern die Gleichung enthält:  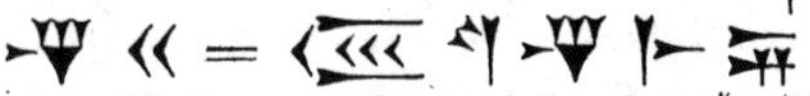 d. i. *tir šur-man* = *kiš-tu šur-mê-ni* »Cypressenwald«. Wie man ohne Weiteres sieht, ist jenes *burâšu* (*burâš₁u*) das hebr. בְּרוֹשׁ, dieses *šurmênu* dagegen das aram. שׁוּרְבָן. Nach der VIII. Auflage des Gesenius'schen Handwörterbuches, welche überhaupt in etymologischer Beziehung recht viel zu wünschen übrig lässt, soll dieses aram.-assyr. *šurbân*, *šurmên* per metathesin aus *bĕrôš* entstanden sein!! — Für das anscheinend gutsemitische גָּמָל »Kameel« fordern, wie S. 9 ganz richtig behauptet ist, zahllose Stellen der Keilinschriften mit ihrer durchgängigen Schreibung *gam-mal* sumerischen Ursprung. Das »Kameel« ist nicht ein »schönes« Thier, abgeleitet von arab. جَمُلَ »schön sein« — es ist einfach ein »Höcker (sum. *gam*) habendes (sum. *mal*) Thier, ein Höckerthier«. — *Del.*

Zu S. 13 Anm. 1. *Ittêši* steht nach S. 31 Anm. 5 für *ittiši*, was gemäss S. 63 Anm. 2 aus *ittâši* bez. **jantâši*ʿ hervorgegangen ist.

Zu S. 16 Anm. 3. *Mušêniḳtum* »Amme« ist nicht aus **muš₃ainiḳatum* hervorgegangen, sondern vielmehr eine associative Neubildung im Anschluss an die Formen der Stämme פ״א bez. פ״ע. Aus **muš₃ainiḳatum* hätte im Assyrischen nur *mušîniḳtum* werden können. Vgl. S. 66 Anm. 3 und S. 21 Anm. 1.

Zu S. 17, zweiter Absatz. Der Name *šû* des Zeichens  weist nicht direct auf einen Lautwerth *šu* hin;  konnte diesen Namen recht wohl auch wegen seines Lautwerths *ši* (Sᵃ I, 21) erhalten. So führt  (*si*) Sᵃ IV, 20 den Namen *sû*, ebenso 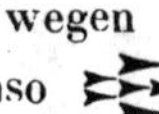 (*ḫi* bez. *ḫê*) Sᵃ VI, 17 den Namen *ḫû*; ferner wird Sᵃ III, 19. 20 nicht nur das Zeichen  (*gu*), sondern auch das Zeichen  (*ga*) *gû* genannt. Die Namen *sû*, *ḫû*, *gû* statt **si'u*, **ḫi'u*, **ga'u* erklären sich durch das S. 59 Anm. 8 besprochene assyrische Lautgesetz. Das Verhältniss der beiden Lautwerthe *šu* (II R. 48, 12 a) und *ši* bez. *šê* (Var. zu Sᵃ I, 21) des Zeichens 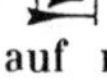 ist natürlich nach Excurs II aufzufassen. — Mr. Pinches in London hat die Güte gehabt, auf meinen Wunsch die Zeile II R. 13, 40 a. b sorgfältig zu collationiren. Wie er mir schreibt, bietet das Original wirklich 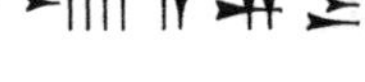 und nicht etwa 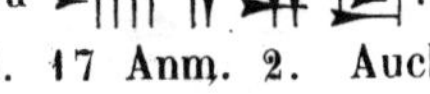.

Zu S. 17 Anm. 2. Auch 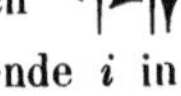 ist keinesfalls *ha* (הָ) zu lesen.

Zu S. 18. Das auslautende *i* in ass. *iḳtulûni* gegenüber arab. *jaḳtulûna* beruht auf einer uniformirenden Analogiebildung nach der 3. pers. fem. *iḳtulâni* sowie den männlichen Pluralformen *ilâni* »Götter«, *bêlâni* »Herren«, *êrâni* »Städte«; *šarrâni* »Könige« u. a. In diesen Formen war das *i* schon im Ursemitischen vorhanden. Beiläufig bemerkt, ist natürlich ass. *iḳtulâni* und aram. ܢܩܛܠܢ identisch mit der arab. Dualform *jaḳtulâni*; ebenso gehen der assyrisch-äthiopische männliche Plural *ilâni* bez. አማልክት:, der aramäische weibliche Plural ܩܳܛܠܳܢ und der arabische Dual رَجُلَانِ sämmtlich auf eine ursemitische Grundform zurück. Ferner verhält sich äth. ይቀትላ: zu arab. يَقْتُلَانِ wie ይቀትሉ: zu يَقْتُلُونَ. Ich komme auf diese Fragen an einem anderen Orte zurück.

Zu S. 18 Anm. 12. Da das *i* in der zweiten Sylbe der Präsensformen *išisi*, *ili'i*, *idiḫi*, *išimû* aus *ai* monophthongisirt und darum entschieden lang ist, so hätte ich auch *išîsi*, *ilî'i*, *idîḫi*, *išîmû* transcribiren können. Vgl. S. 63 Anm. 2.

Zu S. 20 Anm. 3. In E. Sievers' Transcription wäre der tönende gutturale Spirant des Sumerischen, für welchen ich aus praktischen Gründen die Bezeichnung *ĝ* gewählt habe, durch $ʒ^2$ zu umschreiben. Dass die Sumerier — diese, nicht etwa die Assyrer, waren natürlich die Ersten, welche die assyrischen Sprachlaute durch die sumerische Keilschrift wiederzugeben suchten — ihr *ĝ* zur Bezeichnung des assyrischen *ḫ* (d. i. arab. خ, in Sievers' Transcription x^2) verwandten, kann nicht befremden: خ ist der tonlose Correspondent des *ĝ*. Vgl. E. Sievers, Grundzüge der Lautphysiologie, S. 73. — Das *a* von *lišânu* »Zunge« ist nicht bloss im Hinblick auf die verwandten Sprachen als lang angesetzt worden: in dem bilinguen Texte IV R. 20, 23/24 entspricht dem sumerischen … *êmê* »Zunge« in der assyrischen Interlinearübersetzung … d. i. *li-ša-a-nu*.

Zu S. 21 Anm. 2. Das sumerische *kimmu* »Botschaft« scheint mir ein Compositum aus *kin* »Sendung« (vgl. S. 49 No. 22) und *mu* »Name, Wort« (vgl. S. 51 Anm. 6) zu sein.

Zu S. 33 ff. Unter der grossen Anzahl der im Britischen Museum aufbewahrten, noch unveröffentlichten Keilschrifttexte befindet sich ein interessantes sumerisch-assyrisches Vocabularium (K. 4580), welches die sumerischen Ausdrücke für »scheeren«, »Scheermesser«, »Scheerer« u. s. w. behandelt. Dieses in neubabylonischer Schrift geschriebene Fragment lautet mit Weglassung der etwas unleserlichen neunten Zeile — in der mir von Friedrich Delitzsch mitgetheilten neuassyrischen Umschrift folgendermassen:

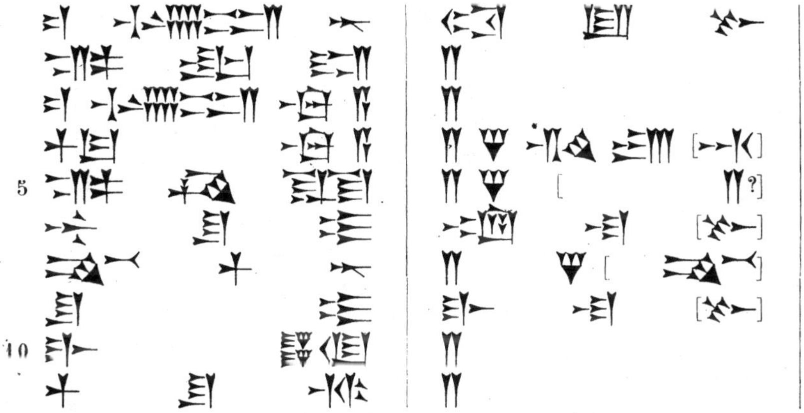

gul-lu-bu
||
||
|| ša mut-tâ-[ti]
|| ša [|| ?]
nag-la-[bu]
|| ša [šîri]
gal-lâ-[bu]
||
||

Vergleichen wir mit diesem Texte das S. 34 unsrer Arbeit abgedruckte Wörterbuch II R. 24, 58 ff. c. d, so werden wir zu der Annahme gedrängt, dass letzteres im Londoner Inschriftenwerke nicht richtig veröffentlicht ist. In der sumerischen Columme der ersten Zeile stand offenbar im Original nicht … (…) …, sondern, wie in dem babylonischen Duplicat, … . Die zweite Zeile stimmt mit der elften des babylonischen Fragmentes durchaus überein; in der dritten Zeile dagegen scheint das Zeichen … nur ein Fehler für … zu sein. Letzteres ist die unveränderte neubabylonische Form des Zeichens; welches Zeichen ihm in der neuassyr. Schrift entspricht, vermag ich nicht anzugeben. Die vierte Zeile des Textes entspricht der siebenten der babylonischen Tafel; statt … hat Norris hier irrig … gelesen. Der richtige Text des kleinen Wörterbuches II R. 24, 58—62 c. d ist demnach folgender:

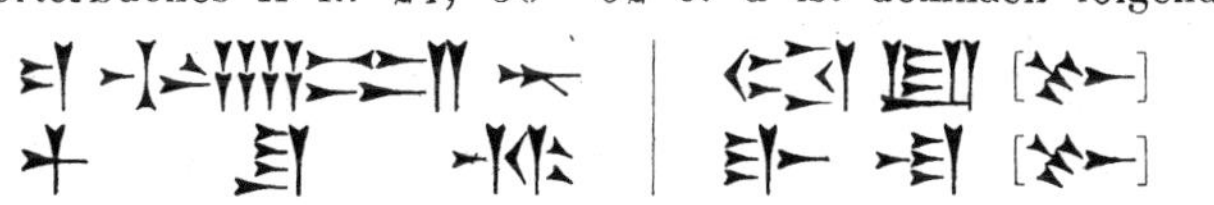

gul-lu-[bu]
gal-lâ-[bu]

nag-la-bu
|| *ša širi*

Für die Erklärung der vierten Zeile des ersten Familiengesetzes ergiebt sich hieraus Folgendes: 1) ist nicht, wie ich früher auf Grund des fehlerhaft edirten Wörterbuches annehmen musste, »phonetische Schreibung« des Ideogrammes , vielmehr ist oder, mit dem Determinativ des Werkzeuges (vgl. Schrifttafel No. 153), jedenfalls das Ideogramm für »Messer« bez. »Scheermesser«, sodass , was in dem Wörterbuche durch ass. *gullubu* »scheeren« wiedergegeben wird, eigentlich »mit dem Scheermesser abschneiden« bedeutet. Zu »abschneiden, abhauen« ass. *nakásu* siehe Schrifttafel No. 11. — 2) Meine Vermuthung, dass oder in der Verbindung () nicht, wie gewöhnlich, »machen« ass. *épišu*, sondern vielmehr »schneiden« ass. *ḫuppú* (= **ḫuppuʿu*) oder *ḫuṣṣú* (= **ḫuṣṣuju*) bedeute, wird durch das neubabylonische Vocabular glänzend bestätigt. Wenn dasselbe angiebt, dass sowohl als auch »scheeren« ass. *gullubu* bedeutet, so leuchtet ein, dass hier im Wesentlichen dieselbe Bedeutung wie haben muss, mithin nicht in der Bedeutung »machen«, sondern nur in der Bedeutung »schneiden« gefasst werden kann. — 3) So lange wir annehmen mussten, dass in der vierten Zeile des ersten Familiengesetzes »phonetische Schreibung« des Ideogrammes sei, waren wir berechtigt, in dieser Function mit seinem gewöhnlichen sumerischen Lautwerthe *dubbin* zu lesen; nunmehr aber, wo sich diese Voraussetzung als irrig erwiesen hat, wird die Lesung *dubbin* unsicher, keineswegs jedoch unwahrscheinlich. S^{c} 298 ff. giebt an, dass das Ideogramm in der Aussprache *dubbin* ausser *ṣúbu* »Finger«, *ṣupru* »Fingernagel« und *ubânu* »Daumen« auch *mašaru* und *imṭú* bedeute. Möglicherweise haben wir in diesen beiden letzten Wörtern die assyrischen Namen des »Scheermessers« oder »Messers« vor uns; etymologisch begründen kann ich freilich diese Vermuthung vorläufig nicht. Ein Wort *mašaru* erscheint, wie mir Friedrich Delitzsch mittheilt, an mehreren Stellen als Theil eines Wagens; z. B. wird es in einem unveröffentlichten sumerisch-assyrischen Vocabular, welches die Theile eines Wagens aufführt (siehe über ein ähnliches Verzeichniss der Theile eines Schiffes Friedrich Delitzsch, Assyrische Studien, Excurs VII) neben *níru* »Joch« (נִירָא) und *ṣimittu* (= *ṣimidtu*) »Geschirr« genannt. Auch Sanh. V, 83 (I R. 41) finden wir *mašaru* als Theil eines Wagens: *ma-ša-ru-uš*, was hier nach Delitzsch als Plural zu fassen (= *mašarûšu*, vgl. S. 23 Anm. 5 und S. 36 Anm. 2) und wahrscheinlich durch »seine Räder« zu übersetzen ist. Dass dieses *mašaru* »Rad« (?) mit dem S^{c} 298 angeführten identisch ist, kann nicht ohne Weiteres angenommen werden. An sich ist es sehr wohl denkbar, dass die beiden Wörter auf verschiedene Stämme zurückgehen; das assyrische *š* kann ja sowohl einem arab. ث als einem arab. ش als endlich auch einem syr. ܫ entsprechen, ferner kann das anlautende *m* in dem einen Worte Stammlaut, in dem andern Präfix sein. Wir würden hier aller Unsicherheit enthoben sein, wenn nicht unglücklicher Weise bei dem obenerwähnten Vocabular über Wagentheile die sumerische Columme abgebrochen wäre.

(Es dürfte hier der Platz sein, als Nachtrag zu S. 33 ff., bez. zu S. 1 und 22, der neuesten Transcription und Uebersetzung Erwähnung zu thun, welche Lenormant in seinen ganz kürzlich erschienenen *Études Accadiennes. Tome troisième, première livraison,* Paris 1879, pag. 21, von diesem ersten Familiengesetze giebt. Die Transcription lautet: *Tukundibi dú addanara | addamu numea | bannangú | dubbin minindâka | qarras mininrûe | ua kubabbargas mininśi*; die Uebersetzung: »*Sentence: Si un fils dit à son père »Tu n'es pas mon père«, celui-ci le rasera, le réduira en servitude et le vendra pour de l'argent*«. Zur Redensart *dubbin âk* bemerkt er pag. 21 not. 2: »*Il est évident par ceci que l'expression composée dubbin âk, qui signifiait originairement et étymologiquement »couper les ongles«, avait été ensuite étendue, par catachrèse, à l'action de couper les cheveux et la barbe«. — Del.*)

Ich schliesse hier noch einige Bemerkungen über die dritte Zeile des zweiten Familiengesetzes an. Der Anfang desselben lautet in der assyrischen Uebersetzung: *Šumma mâri ana ummišu*

»*ul ummi atti*« *iḳtábî, muttassu* (= **muttâtšu* = *muttâtisu*) *ugalbû-va* (= **jugallabû-va*) etc. »Wenn ein Kind zu seiner Mutter »nicht meine Mutter du« sagt, seine *muttâti* sie abscheeren und etc.« *Muttâti* bedeutet offenbar »die Haare«. Wir finden dieses Wort auch in der vierten Zeile unsres neubabylonischen Vocabulars. Hier entspricht dem assyrischen *mut-tâ-*[*ti*] im Sumerischen . Dies ist das Ideogramm in seiner neubabylonischen Schreibweise. Sehr scharfsinnig bemerkt Delitzsch dazu: »wohl dasselbe Zeichen wie das II R. 27, 4 c mit der Glosse (sic!) sich findende ; dieses letztere Zeichen ist offenbar auch in der dritten Zeile des zweiten Familiengesetzes gemeint«. Ich schliesse mich dieser geistreichen Combination in jeder Hinsicht an.

Was die Etymologie von *muttâti* »Haare« anlangt, so liegt es am nächsten, das syrische ܡܢܬܐ »Haar« (vgl. talmud. מניא) zur Vergleichung heranzuziehen. Die Sache hat aber ihre Schwierigkeit. Dem syr. ܫܢܬܐ »Schlaf« entspricht ass. *šuttu* (vgl. Schrifttafel No. 48); wir würden demgemäss als Vertreter des syr. ܡܢܬܐ im Assyrischen *muttu* erwarten. Diese Form existirt auch wirklich; wir finden dieselbe in einem kleinen sumerisch-assyrischen Vocabular über Körpertheile, welches II R. 36, 63—66 e. f folgendermassen lautet:

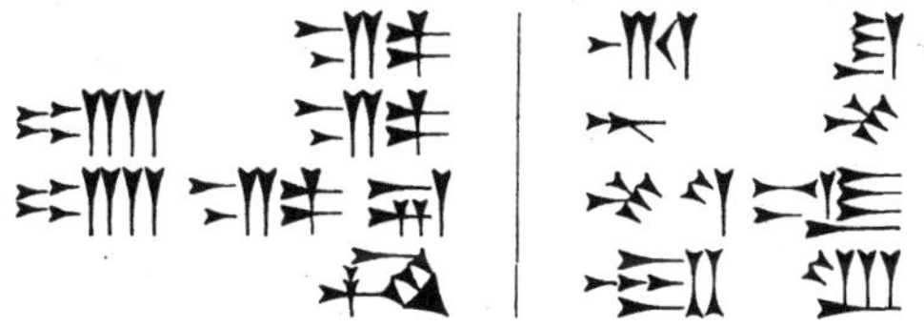

rêšu »Kopf« (רֵאשׁ)
ḳudmu »Spitze, Scheitel« (?)
muttum »Haar« (ܡܢܬܐ)
maḫru »Vorderseite, Angesicht«.

Schrader, der diesen Text in seinem Buche »Die Höllenfahrt der Istar« S. 148 anführt, vergleicht dieses *muttu* mit dem hebr. תְּמוּנָה »Gestalt, Bildniss« und übersetzt es demgemäss durch »äusseres Aussehen«. Ich kann dieser Auffassung nicht beistimmen, *muttu* ist in diesem Zusammenhang sicherlich = ܡܢܬܐ »Haar«.

Wie verhält sich nun *muttâti* zu *muttu*? Entsprechend der regelmässigen Pluralbildung der assyrischen Feminina müsste der Plural von *muttu* (= **muntu*) *munâti* und nicht *muttâti* (= **muntâti*) lauten. So bildet *kibratu* »Himmelsgegend« den Plural *kibrâti*, *kiššatu* (= **kinšatu*) »Schaar« *kiššâti*, *tâmtu* »Meer« *tâmâti*, *ṣimittu* »Geschirr« *ṣimdâti*, *šimtu* »Loos« *šimâti*, *tupuḳtu* »Himmelsgegend« *tupuḳâti*, *šattu* »Jahr« *šanâti* u. s. w. Dass daneben Formen wie **kibratâti*, **ṣimittâti*, **tupuḳtâti*, **šattâti* vorkämen, ist bis jetzt nicht constatirt worden. Dies kann uns indess nicht hindern, *muttâti* als eine derartige Bildung aufzufassen: nach meiner Ansicht verhält sich *muttâti* zu *muttu* wie hebr. דְּלָתוֹת »Thüren« zu דֶּלֶת und קְשָׁתוֹת »Bogen« zu קֶשֶׁת. Sehr gewöhnlich ist diese Associationsbildung im Aethiopischen; hier hat dieselbe sogar die ursprüngliche Pluralbildung beinahe verdrängt. Vgl. A. Dillmann, Grammatik der äthiopischen Sprache, S. 234.

Zu S. 35 Anm. 1. Statt »zur Amme gab er ihm« lies: »zur Amme gab er ihn« bez. »einer Amme übergab er ihn«.

Zu S. 37, Zeile 6. Wie die assyrische Negation *lâ*, scheint auch die assyrische Copula *va* sich mitunter in sumerisch geschriebenen Texten zu finden; siehe IV R. 26, 6 b: *mu-un-da-gug* (?)- = *iḳ-bu-us-va* »er trat mit Füssen und« (zum Lautwerth *gug* siehe II R. 43, 52 d). — *Del.*

Zu S. 37, Zeile 17. Beachtung verdient IV R. 18, 48/49 b, wo auf die Postposition in (d. i. ass. *ana simâti* »zur Auszeichnung« ein mit *g* anlautendes Wort, nämlich *gal-la* (d. i. ass. *šakânu* »setzen, machen, befestigen«), unmittelbar folgt. — *Del.*

S. 38, Zeile 3 füge hinter *u* ein. (Delitzsch)

S. 40, Zeile 6 lies statt »Bedeutung« Function.

Zu S. 43 Anm. 2. Auf einem ähnlichen Assimilationsprocesse beruht die Verwandlung des *t* von äth. ቀተለ፡, arab. قتل in *ṭ*, wie sie im hebr. קָטַל, syr. ܩܛܠ zu Tage tritt. Ursprünglich lautete der Stamm *ḳatala* »tödten«, der übrigens im Assyrischen bis jetzt noch nicht nachgewiesen ist, auch im Hebräischen und Syrischen קתל bez. ܩܬܠ; dann aber gab es jedenfalls eine Periode, wo man z. B. das Perfectum noch unverändert קָתַל, ܩܬܠ sprach, das Imperfectum dagegen nicht *jaḳtulu*, sondern *jaḳtulu* bez. יִקְטֹל, ܢܶܩܛܽܘܠ; endlich drang mit der Zeit das ט aus den Imperfectformen und den andern Bildungen, in denen es lautgesetzlich berechtigt war, auch in die übrigen Formen dieses Stammes ein, so dass auch statt קְתַל, ܩܬܰܠ nach Analogie des Imperfectums יִקְטֹל, ܢܶܩܛܽܘܠ nunmehr קְטַל, ܩܛܰܠ gesprochen und geschrieben wurde. — So werden sich gewiss noch manche Fälle, in denen scheinbar sporadischer Lautwandel vorliegt, ungezwungen erklären lassen.

S. 46, Zeile 1 lies statt **ru'ḳu* = *ruḫḳu*: **ru'₃úḳu* = **ruḫúḳu*. Aus **ruḫḳu* wird das Substantivum *rûḳu* »die Ferne« entstanden sein.

Zu S. 46, No. 6. Ich mache noch aufmerksam auf die Glosse II R. 54, 71 c, welche für [cuneiform] [cuneiform] die Aussprache [cuneiform] [cuneiform] *gud-gud* angiebt.

Zu S. 46, No. 9, Zeile 3. Statt »Nach S^a 2, 3 hätte [cuneiform], womit [cuneiform] offenbar identisch ist« lies »Nach S^a 2, 3 hätte [cuneiform], womit [cuneiform] offenbar identisch ist«.

Zu S. 49 Anm. 2. Das ass. *šiptum* »Beschwörungsformel« vom Stamme *'₁aš₃ápu* »beschwören« ist eine Analogiebildung nach *šubtum* »Wohnung« vom Stamme *ašábu* (= **vaš₁ábu*) u. a.

Zu S. 49 Anm. 3, Zeile 2 f. Die zu II R. 18, 10—15 e jetzt gefundene assyrische Uebersetzung mit den Verbalformen *i-pu-luv*, *ip-pal*, *ip-pa-lu*; *i-pu-lu*, *ip-pal*, *ip-pa-lu* macht die Lesung und Uebersetzung »*ibbal* er antwortete« unhaltbar; man lese: *ippal* »er antwortet«. — *Del.*

Zu S. 50 No. 23. Oppert, der in den Gött. gel. Anzz. 1878, Stück 33, S. 1050, naiv fragt: »Wo hat *ṣu* die Bedt. *zum* für *zu-um*«, sei hier beiläufig auf meine S. 50 citirte Anmerkung zur Schrifttafel verwiesen. — *Del.*

Zu S. 52 Anm. 3. Schrader (KAT) vergleicht den assyrischen Stamm *sapánu* »überwältigen« mit dem hebr. סָפָה »abschaben« und übersetzt demgemäss z. B. *sâpin* »Beherrscher« auch noch in seinem Werke »Keilinschriften und Geschichtsforschung« durch »hinwegfegend«. Dies ist ein Irrthum; *sapánu* bedeutet im Assyrischen überall nur »überwältigen, bezwingen, beherrschen« und entspricht genau dem äth. ሰፈነ: *safána* »praevaluit, superior evasit, dominatus est«.

Zu S. 52 Anm. 6. Meine Vermuthung, dass das *nam-ba-gur-ru-*[cuneiform] (*da*) des Inschriftenwerkes nur ein Versehen sei, hat sich nicht bestätigt. Wie Mr. Pinches mir mittheilt, steht auf dem Original wirklich [cuneiform], nicht [cuneiform]. Wir werden hier also einen Schreibfehler des assyrischen Schreibers annehmen müssen. — Zu den Schreibfehlern in den Inschriften vgl. Schrader, Keilinschriften und Geschichtsforschung, S. 42—56. Bei einem der dort aufgeführten Beispiele hat sich übrigens Schrader etwas versehen. Wir lesen S. 43 des genannten Buches: »Sie — die Tafelschreiber — haben den Namen *Pi-ša-mil-ki* »Psammetich« in UT(TAM)-*ša-mil-ki* und diesen weiter in TU-*ša-mil-ki* verlesen; haben — um dieses beiläufig zu bemerken — aller Wahrscheinlichkeit nach die sonderbare Aussprache *Pišamilki* statt *Pišamitki*, wie man etwa erwarten sollte, nach falscher Analogie der uns auf den Inschriften überlieferten kanaanäischen Namen auf *milki* = מַלְכִּי, wie *Abi-milki*, *Aḫi-milki*, *Iaḫi-milki* gemodelt«. Schrader hat hier nicht beachtet, dass sowohl das Zeichen [cuneiform] (*ut*, *tam*) als auch das Zeichen [cuneiform] (*pi*) ebenso wie [cuneiform] den Lautwerth *tu* hat. [cuneiform]-*ša-mil-ki*, [cuneiform]-*ša-mil-ki* und [cuneiform]-*ša-mil-ki* sind offenbar nur verschiedene Schreibungen des Namens *Tušamilki*, der mit *Psammetich* natürlich nichts zu schaffen hat.

Zu S. 52 Anm. 7. Meine Ergänzung ist durch das Original als richtig erwiesen worden. Nach Mr. Pinches ist zwischen [cuneiform] (*ĝê-én*) und [cuneiform] (*bu-uš*) noch [cuneiform] zu erkennen, was offenbar zu [cuneiform] (*gub*) zu vervollständigen ist.

Zu S. 54, No. 20. Dass das Zeichen [cuneiform] im Sumerischen *éb*, nicht *ib*, gelesen wurde, geht klar hervor aus dem kleinen werthvollen Fragment K. 5423, das Friedrich Delitzsch in seinen Assyrischen Lesestücken (2. Aufl. S. 72) zum ersten Male veröffentlicht hat. Dort (Zeile 6—13) entspricht nämlich der *N*-reihe [cuneiform], [cuneiform], [cuneiform], [cuneiform] d. i. *un*, *an*, *in*, *én*, die *B*-reihe [cuneiform], [cuneiform], [cuneiform], [cuneiform] d. i. *ub*, *ab*, *ib*, *éb*.

Zu S. 57 Anm. 3. Wie mir Mr. Pinches schreibt, steht auf dem Original wirklich [cuneiform] *ĝê-én-da-ab-gi-gi*. Das Versehen geht also auf den assyrischen Schreiber zurück.

Zu S. 58 Anm. 6. Nach Mr. Pinches' Collation ist der Text im Inschriftenwerk richtig veröffentlicht, in allen fünf Zeilen bietet das Original , nicht . Auch hier sind wir meiner Ansicht nach genöthigt, falls wir nicht den Wechsel zwischen *mu-un-ni* und *mu-é-ni* nach Excurs II auffassen wollen, ein Versehen des assyrischen Schreibers anzunehmen, obwohl ich mir nicht verhehle, dass die Annahme eines fünfmal wiederkehrenden Schreibfehlers ihre Bedenken hat.

Zu S. 60, No. 5. Mr. Pinches hat sich überzeugt, dass das Original in allen Fällen wirklich  und nicht, wie man allenfalls vermuthen könnte,  bietet. Dass das Zeichen  im Assyrischen neben *su* (und *ruk*) auch noch den Lautwerth *kus* hat, ist demnach zweifellos.

Zu S. 60, No. 5 ff. Zu der grossen Zahl der seit Oppert neugefundenen assyrischen Lautwerthe sei hier noch  = *ma* gefügt. Wie schon oben zu S. 17 Anm. 2 richtig vermuthet wurde, ist die Lesung *ha* des Zeichens  falsch — ein folgenschwerer Irrthum, welcher auf Oppert zurückgeht. Beweise für die Lesung *ma* sind obenan II R. 26, 64 e. f. 8, 1 ff. a. b, wo *na* -  - *ru*, wie der Zusammenhang lehrt, zweifelsohne *na-ma-ru* gelesen werden muss, sowie II R. 34, 68 a. b, wo das aus den Inschriften Nebukadnezar's und aus Sintfluth III, 7 bekannte assyrische Wort *kamâtu* »Umfassung, Umfassungsmauer« *ka* -  - *tum*, also *ka-ma-tum* geschrieben ist. Ich komme auf diese neue Lesung in meinen »Miscellen« zurück; dessgleichen verspare ich mir für ebendiese kleine Schrift eine Reihe von Bestätigungen der vielen in dem vorliegenden Buche aufgehäuften neuen Funde und aufgestellten wesentlich neuen Gesichtspunkte, speciell der vom Verf. zuerst scharfsinnig erkannten Pluralformen auf *û*. — *Del.*

Zu S. 61 Anm. 2. Andere Beispiele für Imperative des Intensivstammes der Form *ḳattil* sind, wie mir scheint, *za-'i* (oder *ṣa-'i*) Höllenf. Rev. 32 (wo das dem *za* vorausgehende  zu streichen ist), *ra-am-mi-iḳ* »giesse aus« ibid. Z. 48 und *ša-'i-il* »bitte, bete« IV R. 58, 48 ff. b. — *Del.*

Zu S. 62, No. 7. Ich ersehe aus Mr. Pinches' Mittheilungen, dass das Zeichen  an der Stelle IV R. 7, 25 b im Original durchaus nicht so unversehrt erhalten ist, als man nach der Publication im Londoner Inschriftenwerk anzunehmen berechtigt ist. Indess können die erhaltenen Spuren kaum zu einem anderen Zeichen als  vervollständigt werden.

Zu S. 64, b) ist vor allem zu beachten, dass die Negation  *ai* sich auch in der Schreibung  *é* bez. *î* findet; so auf der III. Tafel der sog. Izdubarlegenden, col. IV, 10, dessgleichen in der Höllenfahrt der Istar, Rev. 19: *î bé-él-ti* »nicht, meine Herrin«! etc. Hier darf nicht etwa *é-bé-él-ti* als ein Wort gefasst werden; ein Wort *e-be-lu* »Führer« (von יבל) oder gar »Herr« (von בעל) giebt es überhaupt nicht: 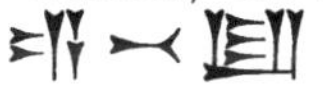 ist durchweg *é-til-lu* zu lesen. — *Del.*

Verbesserungen des Druckes.

S. 8, Zeile 2, col. b.	lies statt	*ipṭiruŝu*	*ipṭiruŝu.*
S. 25, dritter Absatz, Zeile 3	» »	*ḳakḳâŝu*	*ḳakḳâsu.*
S. 36, Anm. 2, Zeile 4	» »	*iŝrukûsu*	*iŝrukûŝu.*
S. 38, Anm. 1, Zeile 8	» »	*syllable*	*syllabe.*
S. 47, Anm. 3, Zeile 3	» »	*kilûtum*	*ḳilûtum.*
S. 48, Anm. 2, Zeile 5	» »	*abiŝu*	*abiŝu.*